Slobodan Vuković
TRANZICIJA I KORUPCIJA

Bibilioteka
POSEBNA IZDANJA

Urednik
Simon Simonović

Recenzenti
Prof. dr Đorđe Ignjatović
Dr Jovan Ćirić

Slobodan Vuković

TRANZICIJA I KORUPCIJA

Beograd, 2007.

U finansiranju ove monografije učestvuje
Ministarstvo nauke Republike Srbije

SADRŽAJ

UVOD

Korupcija je postala globalna društvena pojava koja je uhvatila u manjoj ili većoj meri duboke korene u svim savremenim društvima. Ona ima dugu predistoriju, odnosno od samih početka nastanka organizovanih društava i nije, kao što se često može čuti, specifična samo za siromašna, pravno neuređena i zaostala društva, kao i ona u tranziciji, pa samim tim ni za srpsko. Zatim, ona menja svoje pojavne oblike, uvlači se u nova polja delanja i vešto se prilagođava društvenim promenama, zakonskim rešenjima i novim društvenim, ekonomskim i političkim okolnostima. Budući da smo o prvim pisanim saznanjima o korupciji, uzrocima, podložnosti mitu, kanalima podmićivanja i njenoj raširenosti govorili na više mesta, u ovom radu ćemo se, pre svega, baviti pitanjem da li se na tom polju nešto promenilo za poslednjih pet godina (2001 – 2006) u Srbiji, i ako jeste, koje su veličine te promene i u kojem pravcu one idu. Zatim, ako je došlo do nekih promena (na bolje ili na gore), takođe, pokušaćemo da utvrdimo koji su njihovi osnovni trendovi i koji su to društveni uslovi uticali na njih. U cilju što boljeg sagledavanja eventualnih promena za poslednjih pet godina, odnosno između dva naša empirijska istraživanja, neophodno je, na samom početku, izložiti osnovnu teorijsku postavku na koju se naslanjalo naše prvo, a zatim u manjoj ili većoj meri i ostala naša[1] empirijska istraživanja.

Shodno tom zahtevu korupciju ćemo u ovom radu (iako ona po svom karakteru spada u korpus kriminalnih društvenih pojava) posmatrati iz

---

[1] Korupcija na carini i korupcija u pravosuđu. Vidi: Вуковић, С., 2005, *Право, морал и коруйција*, ИДН – „Филип Вишњић", Београд.

četiri ugla. Prvo, kao jedan od pokazatelja poštovanja prava kako od strane vršilaca vlasti, tako i od strane građana, odnosno vladavine prava u društvima u tranziciji, na primeru srpskog društva.[2] Drugo, kao jedan o indikatora moralnog, vrednosnog i političkog stanja srpskog društva i povratni uticaj korupcije na njih. Treći ugao je širina korupcionog pritiska i podložnost korupciji, odnosno međuzavisnost korupcije, s jedne, i korupcionog pritiska i podložnosti korupciji, s druge strane. I najzad, četvrti ima u vidu raširenost i veličinu korupcije, kao i osnovne kanale podmićivanja u pojedinim segmentima srpskog društva. Da bi se to ostvarilo povremeno ćemo izlaziti izvan okvira zadate teme, s tim da ne narušimo osnovnu nit izlaganja. I naravno, u radu će biti reči i o nužnim merama za njeno koliko toliko suzbijanje. U cilju što jednostavnijeg praćenja empirijske analize njene raširenosti i toga kako se ostvaruje i uteruje pravo, ovde je neophodno ukratko ponoviti našu, na drugom mestu[3] izloženu tezu. To znači, zavisno od toga kako se ostvaruje (sprovodi), krši i donosi pravo, razlikujemo tri osnovna tipa korupcije. (To će, u načelu, važiti i za druga razvijena zapadna društva, s tim da u njima putevi i oblici korupcije imaju svoje specifičnosti. Zbog većeg poštovanja prava, korupcija je raširenija u višim nego u nižim društvenim slojevima.)

Prvo, korupcija za *ostvarivanje prava* (ili njegovo ubrzanje), koje građaninu ili ekonomskom subjektu sleduje na osnovu važećih zakona ili podzakonskih akata. Javni i korporacijski službenik ili politički delatnik bez mita oglušuje se o izvršenje zahteva zasnovanih na pravu ili podzakonskom aktu i pored obaveze da mu se podvrgne. U ovom slučaju se,

---

[2] Ne stoji prigovor da ovaj tekst ima suviše pravni pristup, iako je korupcija, u najširem smislu, društvena pojava koja se ne može objasniti bez sociološkog pristupa, a što ovde i činimo, budući da za „pravo imaju interes svi oni koji uopšte proučavaju društvene nauke" (Raz, Dž., 2005, *Etika u javnom domenu*, CID, Podgorica, str. 222), i što delimično proističe iz prvog, problem se mora sagledati, ukoliko je to moguće, sa svih strana, pa samim tim i pravnog.

[3] Tezu o tri tipa korupcije, s odgovarajućom empirijskom potvrdom, izložio sam prvi put u zajedničkoj studiji: Антонић, Д., Бабовић, Б., Беговић, Б., Васовић, М., Вацић, З., Вуковић, С., Ивошевић, З., Карван, Д., Мијатовић, Б., Стојановић, Б. и Хибер, Д., 2001, *Коруйција у Србији*, ЦЛДС, Београд, стр. 56-78, posebno стр. 74-75. Tezu sam kasnije razvio u studiji: Вуковић, С., 2003, *Коруйција и владавина йрава*, ИДН – Драганић, Београд, стр. 169-178.

koristeći svoj položaj, najčešće radi o iznuđivanju mita od strane potkupljivog javnog službenika. Jedna od teškoća za njeno otkrivanje sastoji se u tome što postoji solidarnost između zaposlenih u okviru organizacije čiji službenici nelegalno naplaćuju usluge (raznih državnih nadleštava, carine, suda, urbanističke uprave, inspekcijskih službi, bolnice, fakulteta i slično)

Drugo, postoji korupcija radi *kršenja prava*, a to znači sticanja prava koje građaninu ili ekonomskom subjektu ne sleduju po zakonskom ili podzakonskom aktu, pa ga ostvaruje uz pomoć korupcije. Javni i korporacijski službenik ili politički delatnik za mito krši zakon iako je obavezan da po njemu postupi. U ovom slučaju koruptor i korumpirani javni ili korporacijski službenik sklapaju jednu vrstu ugovora o kršenju zakona uz obostranu korist na račun trećeg, tj. države, korporacije (u kojoj je zaposlen) ili trećeg lica (privatnog ili pravnog) čime se umanjuju njihovi prihodi (carina, korporacija, državni organ ili sud prilikom privatizacija ili stečaja), smanjuje se kvalitet i nivo usluga (razne inspekcije), oštećuje se treće lice (sud u sporu privatnih ili pravnih lica), ograničava se tržište (izdavanje građevinske dozvole bez prava), oštećena je država ili nepovoljno utiče na suzbijanje kriminala (sud prilikom krivičnog procesa) itd. Ovaj tip korupcije se takođe teško otkriva zbog dobrovoljne umešanosti obe ugovorne strane.

Treće, tu je potkupljivanje radi *menjanja prava*, odnosno menjanje ili prilagođavanje zakona ili podzakonskog akta u interesu koruptora, a sve u cilju sticanja novog prava ili produženja starog. Zakonodavna ili upravna vlast (bez obzira na njihov nivo) za mito (najčešće uz pomoć političkih stranaka) prilagođava zakon, podzakonski akt ili pravilnik kratkoročnim ili dugoročnim interesima koruptora, tako da se njegova delatnost odvija u granicama prava. Tu takođe spada i uticaj na donošenje odluka, od najnižeg do najvišeg nivoa, koje sutra mogu doneti korist koruptoru. I u ovom slučaju dolazi do jednog tipa „ugovornog" odnosa između koruptora i korumpiranog (jednog ili više njih), koji može biti formalan ili, čak, neformalan. Kad je reč o korupciji za menjanje prava ona se najteže otkriva zbog moći ugovornih strana.

Navedena tipologija pojavnih oblika korupcije je idealno – tipska, a u praksi se najčešće javlja u čistom obliku, ali ima slučajeva kada su

9

oblici pomešani, odnosno u manjoj ili većoj meri se preklapaju.[4] Ali bez obzira na to, generalno se može reći da prvi tip po pravilu generiše sitnu, a druga dva krupnu korupciju (gde su u igri velike svote novca). Prvi tip korupcije je rašireniji, dok druga dva više nagrizaju politički i pravni sistem društva. Prvi je rašireniji kod nižih, a druga dva kod viših položaja, odnosno javnih službenika i vršilaca vlasti (posebno onih koji poseduju diskreciona prava odlučivanja o dobrima i uslugama – raširena je i u najrazvijenijim državama Zapada[5]). Prvi

---

[4] Najnoviji primer je afera „Indeks" (istraga korupcije na Pravnom fakultetu u Kragujevcu), koja izdvaja dve grupe studenata koji su, po istrazi, podmićivali profesere. Tu je reč, uslovno, o dva tipa korupcije. Jedni nisu želeli da uče pa su kupovali ispite i diplome, što pripada drugom tipu korupcije (korupcija radi kršenja prava) i sa tako stečenim diplomama zapošljavali se u državnoj službi, jer za nju, da nevolja bude veća, najčešće nije potrebno znanje već formalna diploma. U isto vreme u drugu grupu spadaju studenti koji su, prema sopstvenim izjavama, bili prinuđeni da plate ispite jer su „pojedini profesori bili drski i arogantni prema njima" („Политика", 6. април 2007). U ovom drugom slučaju je reč o iznudi korupcije od strane profesora i mešavini prvog i drugog tipa korupcije, odnosno namerno visoko postavljenim neformalnim i vaninstitucionalnim (u okviru institucije) barijerama za ostvarivanje prava (koje se uz pomoć korupcije spuštaju) i kršenje prava – naravno uz pomoć korupcije.

[5] To potvrđuje bezbroj primera korupcije u najrazvijenijim državama Zapada (Vidi: Вуковић, С., 2003, *Корупција и владавина права*, стр. 11-12 i Вуковић, С., 2005, *Право, морал и корупција*, стр. 53, 59). Ovom prilikom navešćemo još nekoliko najzanimljivih slučajeva.
Prvi je korupcija u sedištu Evropske Unije. Belgijske vlasti u saradnji s Evropskom agencijom za borbu protiv prevara i korupcije (OLAF) otkrile su početkom aprila 2007. godine da su dva zvaničnika Evropske komisije (Đankarlo Čoti i Serđo Trikoriko) u saradnji s vlasnikom firme za promet nekretninama i opremanje poslovnog prostora (Anđelom Trajanom) učestvovali u nameštanju tendera.
Drugi od ranije poznat slučaj korupcije u Evropskoj komisiji je kada su 1999. godine, komesar EU Edit Kreson i cela komisija podneli ostavku.
Treći je afera iz 2003. sa Evrostatom (statističkom agencijom EU), čiji su zvaničnici otvarali tajne bankarske račune („Политика", 12. april 2007).
Četvrti je primer korupcija i „sukob interesa" u vrhu Svetske banke, koja je pod kontrolom Vašingtona, u koju je upleten njen predsednik Pol Volfovic i njegova prijateljica Šaha Rizi („Политика", 17. април 2007).
Peti, afera „Klirstrim", koja je 2006. potresala Francusku u koju je umešan i francuski predsednik Žak Širak (afera je obnovljena nakon njegovog silaska s vlasti) - pominje se račun od 30 miliona funti u japanskoj banci („Политика", 26. maj 2007).
I šesti slučaj podmićivanja poslovnih partera koji je uzdrmao čuveni nemački koncern Simens.

tip korupcije lakše se „hvata" empirijskim istraživanjima, dok su druga dva gotovo neuhvatljiva. Prvi i drugi tip korupcije karakterističan je za nerazvijena i siromašna društva i društva u tranziciji u kojima je slabašna ili na niskom nivou vladavina prava, odnosno gde kršenje zakona nije adekvatno sankcionisano, naročito za vršioce vlasti i javne službenike. Drugi tip korupcije je takođe prisutan u razvijenim zapadnim društvima, ali pretežno kod viših društvenih položaja, zapravo kako se to u narodu kaže nedodirljivih moćnika. I naposletku, treći tip korupcije karakterističan je za razvijena zapadna društva u kojima poštovanje prava, zbog spleta društvenih i istorijskih okolnosti, ima dužu tradiciju i ono je na znatno višem nivou. Krupni kriminal, a naročito privredni, gotovo da je nemoguć bez logističke podrške drugog tipa korupcije, na kojeg nisu imune ni zapadne demokratije. Pored toga, jedna od osnovnih karakteristika organizovanog kriminala je, pored njegove veze s državom,[6] da se obavlja uz pomoć takođe drugog tipa korupcije, budući da postoji interesna sprega (a često i personalna) organizovanih kriminalnih grupa i institucija vlasti ili pojedinih vršilaca vlasti. Naravno, ovde treba imati u vidu da se ovi „tipovi" korupcije u praksi ne nalaze samo u „čistom" obliku nego su povremeno toliko izmešani da je ponekad teško utvrditi o kojem je tipu korupcije reč.

U društvima u kojima raste treći tip korupcije (korupcija radi menjanja zakona) pouzdan je znak da prva dva tipa korupcije opadaju i da koliko-toliko počinje da na društveno-političku scenu nastupa vladavina prava, jer se zakoni koliko–toliko poštuju, pa otuda potencijalnom koruptoru, pored političke moći, preostaje da svojoj delatnosti uz pomoć korupcije prilagodi važeće pravo (zakon ili podzakonski akt). Istovremeno, to ne znači da je vladavina prava uhvatila dublje korene, već da se samo privredni subjekti i gra-

---

[6] O vezi organizovanog kriminala i države, odnosno njenih institucija i agencija, u čemu prednjače Sjedinjene Države – naročito kad su u pitanju njeni „nacionalni interesi" (Nikaragva, Panama, Irak, Avganistan, Čile ...), opširnije videti u: Ћирић, J., 2005, „Држава и организовани криминал", Социолошки преглед, vol. 39, no. 3, стр. 265-289. (htp://www. socioloskipregled. org.yu)

đani racionalno ponašaju jer predviđaju da dolazi „novo" vreme u kome će se korupcija za kršenje prava efikasnije sankcionisati pa se za njega pripremaju. I na kraju, drugi i treći tip korupcije prekriveni su velom tajni ili dobijaju drugo pojmovno obeležje kako bi se sakrila njihova suština („lobiranje", „politička trgovina", „sukob interesa", „korisne malverzacije", u Sjedinjenim Državama, na primer, „nacionalni interes" i slično). To, najpre, znači da veličina mita zavisi od mesta koje podmitljivi javni službenik zauzima na hijerarhijskoj skali položaja i vrednosti „posla" koji je u igri, a, zatim, kolika su predviđanja, kako koruptora tako i podmitljivog javnog službenika, da će biti otkriveni, procesuirani i pravno sankcionisani, odnosno procena verovatnoće koliko u toj transakciji dobija, a koliko eventualno može da izgubi. I na kraju, da li su, i u kojoj meri, neki od ovih oblika korupcije na neki način „legalizovani".

U našem slučaju, kao uostalom i u svim društvima u tranziciji, ključna su prva dva tipa korupcije za *dobijanje prava* i *kršenje prava*. Posebno ako imamo u vidu da prisutnost korupcije u ostvarivanju (dobijanju) prava govori o arbitrarnom sužavanju, krivom tumačenju ili odugovlačenju (ćutanju administracije i slično) u ostvarivanju prava od strane onih (javnih ili korporacijskih službenika) koji su dužni da ga u celosti poštuju radi iznude dodatnog plaćanja. Reč je, dakle, o iznuđenoj korupciji. Prisutnost korupcije radi kršenja prava govori, pre svega, o rastočenoj pravnoj državi i masovnom kršenju prava od strane građana i vršilaca vlasti ili arbitriranju, u svakom konkretnom slučaju, od strane onih koji su dužni da ga poštuju i uteruju. Najednostavnije rečeno ona destruiše pravni sistem zemlje, smanjuje poštovanje prava i krnji ugled ne samo političke vlasti već i institucija sistema i države.

I treće, korupcija radi *menjanja prava* bila je u velikoj meri raširena i u socijalizmu zato što je u njemu vlast bila plen partijske elite. Zakoni su se ne samo donosili nego i sprovodili u skladu s njenim partikularnim interesima. Niži nivoi vlasti, a povremeno i cele društvene grupe, bili su silom naterani ili, pak, potkupljeni raznim privilegijama (napredovanje na hijerarhijskoj skali položaja, stanovi, školovanje dece u inostranstvu, službeni automobili i slično) da ih slede ili podržavaju, a viši su bez ikakvih pravnih, političkih i moralnih sankcija radili što god žele, pod uslovom da ne krše konstitutivna načela sistema (politički monizam sa rukovodećom ulogom partije i društvenu svojinu). O bilo kakvom javnom suprotstavljanju tim zakonima nije moglo biti ni pomisli a kamo li činjenja. Taj tip korupcije postoji i u razvijenim zemljama, i tamo gde postoji pravna država, odnosno vladavina prava. Ukoliko je zakone teže menjati ili ako se oni strogo poštuju, ovaj tip korupcije je više raširen, zbog nastojanja koruptora da produži postojeće pravo (zakon ili podzakonski akt) ili da novo prilagodi svojim kratkoročnim ili dugoročnim interesima. Jedan njen oblik legalizovan je pod nazivom lobiranje.

Prema istraživanju iz 2006. godine, o čemu će na sledećim stranicama biti više reči, u Srbiji treći tip korupcije (radi menjanja prava) stagnira. Nasuprot ovome, kad je reč o korupciji radi dobijanja prava, znatnije opada (tu je reč najčešće o sitnoj korupciji) i to, pre svega, zbog pooštrene kaznene politike, a to znači zbog povećanog rizika i za koruptora i korumpiranog, odnosno povećava se verovatnoća da će se za učinjeno delo podleći sankcijama. Sledeći razlog možemo tražiti u činjenici da je podložnost korupciji javnih službenika opala zbog njihovog donekle poboljšanog materijalnog stanja i oštrije kaznene politike. Drugi tip korupcije, radi kršenja prava, opada, kao što ćemo kasnije detaljnije videti, ali ne u toj meri da bi se poremetila ranije uspostavljena slika. Osnovni razlog se može tražiti u činjenici da je, i pored toga što je rizik takođe veći, istovremeno, u ovom tranzicionom vremenu promene vlasničke strukture privrede, i eventualni dobitak takođe veliki u uslovima velikih mogućnosti za izbegavanje sankcija za učinjeno delo (to potvrđuju mnogi primeri, a među njima i „stečajne mafije"). Sledeći razlog možemo tražiti u ranije uspostavljenim vezama (pa i koruptivnim) između pojedinih političkih, policijskih struktura, tužilaštva i sudova i raznoraznih kriminalnih grupa.

Raširenost korupcije najbolje odslikava činjenica da se ona javlja u gotovo svim poljima društvenog delanja. Spisak delatnosti u kojima se ona javlja je podugačak. Zato ćemo navesti ona najznačajnija. Korupcija se javlja prilikom ratnih pohoda, subverzija, špijunskih operacija, okupacije zemlje,[7] izdaje (javne i tajne), nezakonitih međunarodnih transakcija, krijumčarenja (ljudi, robe /posebno one koja nedostaje na tržištu ili one koja je opterećena velikim carinskim i drugim dažbinama/, oružja i opijata), privatizacije javnih i društvenih preduzeća, javnih nabavki, neovlašćenih prodaja, naduvavanja računa, nameštanja izbora, izbegavanja plaćanja poreza, trgovine uticajima, donošenja raznih propisa, izdavanja dozvola, sukoba interesa, nevršenja dužnosti, naplaćivanja taksi, besplatnih zabava,[8] propuštanja robe na carini, izdavanja lažnih carinskih deklaracija, zloupotreba i izigravanja sudskih ovlašćenja, odugovlačenja (zastarevanje) sudskih rešenja i odluka, potkupljivanja svedoka i veštaka, zloupotreba funkcije branioca ili opunomoćenika, zastupanja tuđih interesa (putem tzv. „nevladinog" sektora), političkih i sudskih zaštita raznih oblika kriminala, dobijanja starateljstva nad decom, školovanja dece u inostranstvu, upisa na fakultete, polaganja ispita, kupovine diploma, naručenog i plaćenog pisanja (u novinarstvu), lečenja, falcifikovanja dokumenata, ugovaranja ishoda sportskih takmičenja, prodaje robe, posedovanja tajnih (poverljivih) informacija, upućivanja pacijenata da se medicinska usluga obavi u privatnoj ordinaciji u kojoj taj lekar prekovremeno radi, i mnogih drugih znanih i neznanih slučajeva (koja je teško i nabrojiti a kamoli opisati). Mnoga od ovih činjenja sankcionisana su Kri-

---

[7] Poznata je korumpiranost evopskih zvaničnika u Bosni i Hercegovini o kojoj se kako u njihovoj tako i u našoj (beogradskoj) štampi stidljivo govori. Zatim, do sveopšte kriminalizacije Kosova i Metohije i njegovog pretvaranja u najveći burdelj u Evropi dolazi nakon NATO okupacije i dolaska UMNIK-a. To se nije moglo dogoditi bez korupcije a samim tim i korupcije međunarodnih zvaničnika (Vidi opširnije: Ћирић, Ј., 2006, „О феномену косовске мафије", Социолошки преглед, vol. 40, no. 1. стр. 33-56 (htp://www.socioloskipregled.org.yu). Takođe: A. Mijalković, „Колонија Умникистан", „Политика", 24. септембар 2007 (prepričan tekst Mećaja Zeranbe /Maciej Zaremba/ iz švedskog lista „Dageens Nyheter"). Na drugoj strani, o korumpiranosti raznih američkih agencija angažovanih u Iraku i njihovoj bezobzirnoj pljački ove države vidi u: Џој Гордон, „Реконструкција Ирака је такође пораз", „Le monde diplomatique" („НИН"), април 2007.

vičnim zakonom a mnoga mu ne podležu, kao na primer, naručeno (i plaćeno) pisanje, zastupanje tuđih interesa, upućivanje pacijenata u privatne ordinacije, i još mnogo toga.

* * *

Za uporednu analizu korupcije u periodu 2001 – 2006. uzeta su dva empirijska istraživanja. U oba slučaja korišćena je kombinacija stratifikovanog i kvotnog uzorka. Osnovni podaci o istraživanjima su sledeći.

Prvo istraživanje korupcije sprovedeno je u prvoj polovini februara 2001. godine na uzorku od 327 privatnih radnji i preduzeća na teritoriji Srbije, bez Kosova i Metohije, u trideset tri opštine. Istraživanjem je obuhvaćeno 21% proizvodnih, 43% neproizvodnih radnji, 12% proizvodnih i 21% neproizvodnih preduzeća. Od ukupnog broja anketiranih vlasnika preduzeća/radnji čini: jedan deoničar 83%, dva deoničara 12% i 3 i više deoničara 3%. Veličina preduzeća prema broju stalno zaposlenih je sledeća: do 5 zaposlenih 70%, od 5-20 zaposlenih 25% i preko 21 zaposlenih 5%. Takođe, u 96% slučajeva ispitivana preduzeća su od samog početka privatna a ostalo privatizovana društvena preduzeća i slično.

Drugo istraživanje obavljeno je u aprilu 2006. godine na uzorku od 301, takođe, privatnih radnji i preduzeća na teritoriji Srbije, bez Kosova i Metohije. Struktura uzorka prema tipu preduzeća je: 50% radnje i 50% preduzeća; prema delatnosti: proizvodnja 27%, trgovina 37% i ostalo 36%. Vlasnički status anketiranih preduzeća/radnji je sledeći: privatno, puna odgovornost, jedan vlasnik 30%, SZR 24%, STR 19%, društvo sa ograničenom odgovornošću, jedan vlasnik 8%, privatno ortačko druszvo 6%, društvo sa ograničenom odgovornošću, više vlasnika 5% i akcionarsko društvo, mešovito društvo i ostalo 1%. Regionalna zastupljenost uzoraka je: Beograd 32%, centralna Srbija 44% i Vojvodina 24%. Veličina preduzeća prema broju stalno zaposlenih je sledeća: do 2 zaposlena 37%, od 3-5 zaposlenih 29% i 6 i više zaposlenih je 34%. Vlasnička struktura je sledeća: jedan deoničar 85%, dva deoničara 12% i tri i više deoničara 3%. Razgovor/intervju je obavljen u 66% slučajeva sa vlasnikom, 9% sa finansijskim službenikom računovođom, 9% sa glavnim derektorom/predsednikom, 7% partnerom, 5% menedžerom i u 5% slučajeva s direktorom/direktorom sektora.

Pored toga, radi uporedne analize korišćena su i druga, uslovno rečeno, javnomnjenska istraživanja u kojima je korupcija tretirana kao osnovni ili, pak, kao sporedan istraživački zadatak. Zatim, nisu s goreg bila – radi upoznavanja funkcionisanja mehanizama korupcije, kanala podmićivanja i slično a koja je gotovo nemoguće dobiti anketnim putem – neposredna saznanja autora dobijena, od mnogih sagovornika, tokom obavljanja samih istraživanja na „terenu".

UZROCI KORUPCIJE

Naša prethodna istraživanja korupcije u Srbiji,[9] ili u posebnim segmentima društva,[10] nedvosmisleno su pokazala da je raširenost korupcije u Srbiji – kao uostalom i u svim pravno neuređenim društvima ili u društvima gde je veliki raskorak između objavljenog prava i njegove empirijske primene, zatim siromašnim društvima, ekonomski raslojenim društvima, zemljama u tranziciji[11] i slično – zašla u gotovo sve pore društva. Ona je, već duže vreme, postala svakodnevni način ponašanja i delanja kako političke elite tako i javnih i korporacijskih (što će sve više biti aktuelno) službenika i građana. Drugačije rečeno, korupcija je postala sistemska i u izvesnom smislu konstanta na koju se, zbog svoje otpornosti i prilagodljivosti novim društvenim uslovima, mora računati na duže vreme. Posebno, jer su se na nju građani, zbog njenog trajanja, gotovo „navikli". Zatim, ona se, kako se društvo razvija, menja i prilagođava novim uslovima, a u sledećem

---

[9] *Korupcija u Srbiji*, 2001, ЦЛДС, Београд. Такође: Вуковић, С., 2003, *Korupcija i vladavina prava*, ИДН – Драганић, Београд.

[10] Беговић, Б., Васовић, М., Вуковић, С., Мијатовић, Б., и Сепи, Р., 2002, *Korupcija na carini*, ЦЛДС, Београд; Беговић, Б., Васовић, М., Вуковић, С., Карамарковић, Л., Мијатовић, Б., Симић, А., Хибер, Д. и др., 2004, *Korupcija u pravosuđu*, ЦЛДС, Београд. Такође: Вуковић, С., 2005, *Pravo, moral i korupcija*, „Филип Вишњић" - Институт друштвених наука, Београд.

[11] Problem se u Srbiji usložnjava jer se srpsko društvo od oslobođenja od Turaka do danas nalazi u stalnoj tranziciji. Vidi: Ignjatović, Đ., 2007, „Kriminološki aspekti tranzicije", u: *Kriminalitet u tranziciji: fenomenologija, prevencija i državna reakcije*, Institut za kriminološka i sociološka istraživanja, Beograd, str. 14.

koraku kako se društveni odnosi usložnjavaju, nalazi nova polja delovanja do juče gotovo nepoznata.

U novim društvenim uslovima korupcija dobija i nove, juče nepoznate, pojavne oblike. Ista je situacija i kad je reč o kanalima podmitljivosti, odnosno mašti koruptora kad je reč o načinima podmićivanja ili, pak, ucenjivanja potencijalnih „klijenata" od strane korumpiranih javnih (korporacijskih) službrenika gotovo da nema granica. Gotovo da je identična situacija kada je reč o sakrivanju dela korupcije. To otežava njeno otkrivanje i procesuiranje a samim tim i izbegavanje kazne. Naravno, u tom „sakrivanju" glavnu ulogu čini društvena i politička moć. S tim ukoliko je društvena moć aktera veća utoliko je manja verovatnoća da će njihova korupcija biti otkrivena, procesuirana i na kraju dobiti sudski epilog i obrnuto. Zatim, ukoliko je društvena moć aktera veća veće su vrednosti koje su u igri, odnosno podložne korupciji. (Pri čemu se ne sme zaboraviti činjenica da je ona raširena i u razvijenim društvima Zapada – ali o korupciji u tim društvima u ovom radu, sem sporadično, neće biti reči.) Zatim, da je za njeno suzbijanje neophodna, pored uređenja zakonske regulative i političke volje da se ta zakonska regulativa sprovodi, koordinarana akcija mnogih društvenih činilaca počev od vršilaca vlasti, preko institucija društva, posebo kaznenog aparata, pa sve do štampanih i elektronskih medija i samih građana (njihove profesionalnosti, građanske svesti, hrabrosti i moralnosti) da vrše pritisak na vlast.

Sakrivanje od otkrivanja i procesuiranja korupcije posebno dolazi do izražaja u ovim tranzicionim, odnosno nesigurnim vremenima u kojima pored promena političkog i ekonomskog i svojinskog (koji su praćeni nizom zloupotreba i pljački) nužno dolazi i do promena vrednosnog sistema. I to, pre svega, jer u tim društvima najčešće ne funkcioniše pravosudni sistem.

Za suzbijanje korupcije neophodno je pored većeg poštovanja zakona od strane vlasti i izrada preciznih antikorupcijskih mera za sve segmente društva sa preciznim aktivnostima i nosiocima tih aktivnosti. Pored toga za suzbijanje korupcije neophodno je, ma koliko to bilo uopšteno rečeno, široka saglasnost u celom društvu od „običnih" građana do političke klase. A zato je neophodna stabilizacija društvenih i političkih prilika u državi i društvu, s jedne, i smanjenje konstantnog pritiska „međunarodne zajednice" na Srbiju (kako bi se ona okrenula rešavanju sopstvenih problema), s druge strane.

Poznato je da stepen raširenosti korupcije u jednom dřštvu, pa samim tim i srpskom, zavisi od mnogo činilaca. Među njima su, pre svih, politička volja, funkcionisanje pravne države i efikasnost kaznenog aparata, obim i kvalitet državne regulacije, mešanje države u ekonomiju i obima transakcija pod njenom kontrolom (čiji se značaj često, od strane neoliberalnih ekonimista, prenaglašava) , regionalnih i lokalnih vlasti i njihovih agencija. Ona takođe zavisi od kulturno-istorijskog miljea, nasleđenih društveno-istorijskih okolnosti, stanja moralnosti (korpus široko prihvaćenog ponašanja u jednom društvu) i vladajućih ili dominantnih (široko prihvaćenih) društvenih vrednosti, materijalnog stanja društva, odnosno siromaštva, društvenih i ekonomskih nejednakosti, stepena društvene podeljenosti (društvenih rascepa), stanja korupcije u geografskom okruženju i drugih manje-više važnih činilaca. Mnoge od ovih činilaca je ponekad teško i nabrojati i sve uključiti u analizu, jer dolazimo u opasnost da umesto analize uzroka korupcije ponudimo analizu celokupnih društvenih i ekonomskih odnosa u posmatranom (srpskom) društvu i time u drugi plan gurnemo problem korupcije, što nam u ovom radu nije primarni cilj. Nasuprot, istraživanje korupcije će nam poslužiti kao jedan od indikatora stanja srpskog društva.

U ovom radu nas zanima nekoliko pitanja na koja ćemo, kroz analizu dobijene empirijske građe, pokušati da odgovorimo. Prvo, šta o faktorima koji utiču na postojanje korupcije misle preduzetnici i na pojedinim mestima biće njihova saznanja upoređivana sa podacima iz javnomnjenskih anketa. Drugo, da li je do nekih promena došlo, ako jeste do kojih, za poslednjih pet godina. Preciznije rečeno, kakav je odnos između dva istraživanja obavljena pod istim teorijskim i metodološkim pretpostavkama, na istoj teritoriji, sličnom uzorku i gotovo istim istraživačkim instrumentima. I treće, koliko to korenspondira sa našim, ukratko izloženim, teorijsko-metodološkim pretpostavkama, da li ima razlika i ako ih ima koji su to uzroci uslovili te razlike i u čemu se one sastoje?

Na samom početku, u skladu s očekivanim rezultatima istraživanja, možemo konstatovati da te promene nisu značajne ili ako su značajne da su u skladu s očekivanjima i ranije izloženim teorijskim i metodološkim postavkama.

Počnimo redom. Rezultati empirijskog istraživanja govore da preduzetnici u istraživanju iz 2001. godine (od ponuđenih alternativa „zatvorenog tipa") glavni uzrok korupcije vide u malim platama službenika u javnom sektoru (59%), krizi morala u periodu tranzicije (43%), neodgovarajućem zakonosavstvu (43%), težnji ljudi s vlasti da se brzo obogate (39%), mešanju ličnih interesa u službeni posao (26%) i nedostataku stroge administrativne kontrole (22%). Na poslednjem mestu uzroka korupcije našli su se specifičan karakrer naše nacionalne kulture (21%) i problemi nastali kao posledica komunističke prošlosti (17%), što se vidi na priloženom dijagramu (slika 1).

Tabela 1. Faktori koji utiču na postojanje korupcije (u%)
(višestruki odgovori)

	Godina	
	2001	2006
N	327	301
Male plate službenika u javnom sektoru	59	44
Kriza morala u periodu tranzicije	43	49
Težnja ljudi sa vlasti da se brzo obogate	39	46
Neodgovarajuće zakonodavstvo	43	39
Mešanje ličnih interesa u službeni posao	26	31
Neefikasnost sudova	26	24
Nedostatak stroge administrativne kontrole	22	26
Specifična karakteristika naše nacionalne kulture	21	13
Problemi nasleđeni iz komunističke prošlosti	17	16
Odbija / Ne zna	0	0

Pet godina nakon prvog našeg istraživanja, odnosno 2006. godine,[12] na prvo mesto kao uzrok korupcije, po mišljenju preduzetnika, izbija kriza morala (49%), zatim težnja ljudi na vlasti (vršilaca vlasti)

---

[12] Prilikom izrade upitnika odlučili smo se da, kad je reč o mnogim pitanjima, zadržimo ranije formulacije i alternative na zatvorena pitanja, radi uporedivosti podataka, iako bi neka druga rešenja, posebno kad je reč o spoljnim uzrocima korupcije, dala adekvatnije rezultate.

da se brzo obogate (budući da se mnogima od njih neće pružiti druga prilika da je vrše[13] – delaju po sistemu: „Ugrabi sad kad ti se ukazala prilika"), što bi se moglo podvesti pod neodgovornost političke elite (46%), male plate službenika u javnom sektoru (44%), neodgovarajuće zakonodavstvo (39%), mešanje ličnih interesa u službeni posao (31%) i tako dalje. Na poslednjem mestu uzroka korupcije nalazi se specifičan karakter naše nacionalne kulture (13%), suprotno stanovištu jednog dela mondijalističke „elite" i evro-američke klijentele u nas, koji su tu propagandnu krilaticu, svesno ili nesvesno, preuzeli iz arsenala kominternovsko-komunističke propagande. (Detaljnije rezultate ovog dela istraživanja vidi u tabeli 1.)

Ono što je neophodno naglasiti jeste da sada, u odnosu na period od pre pet godina, preduzetnici nešto malo ređe kao uzrok korupcije navode male plate službenika u javnom sektoru (koje su, istini za volju, u tom periodu znatno porasle) i da je ona posledica specifičnog karaktera naše nacionalne kulture (što je, pored mnogih drugih istraživačkih „rezultata", indukovano od strane jednog dela istraživača iz tzv. nevladinog sektora[14]). Takođe, preduzetnici iz Beograda, nešto češće od preduzetnika iz ostalih regiona, kao uzrok korupcije vide u malim platama službenika u javnom sektoru. U isto vreme, krupniji preduzetnici (preduzeća), za razliku od onih sitnijih (radnje) ključni uzrok korupcije vide u poremećenom vrednosnom sistemu i sveopštoj

---

[13] Drugi razlog kleptokratije i podmitljivosti dela političke elite možemo tražiti u činjenici što su mnogi njeni pripadnici regrutovani sa margina društva. Samim tim, računaju, da šansu koja im se slučajno ukazala, a koja neće dugo trajati, treba što bolje da iskoriste u sopstvenu korist, makar i na nelegalan način – putem korupcije. Kleptokratiju i podmitljivost političke elite, takođe, možemo tražiti u činjenici da se politička elita međusobno štiti – odnosno ponaša se i dela kao zasebna društvena grupa nezavisno od ideoloških i drugih razlika u okviru nje.

[14] „Nevladin sektor" se finansira novcem iz inostranstva, u kojem je prosečna primanja tri puta veća (zajedno s političkim strankama, komorama, esnafskim udruženjima, sindikatima i drugim sličnim udruženjima) od republičkog proseka i iznosila je za april 2007. godine 74.481 dinar („Политика", 26.мај 2007). U tome se može tražiti uzrok njihovom podaničkom mentalitetu i ne retkom (čast izuzecima) zastupanju tuđih interesa, jer u zemlji nikome ne polažu nikakve račune.

krizi morala, koja kod građana stvara potištenost, nesigurnost i opštu kofuziju, a zatim i isključivanje iz društvenog života.[15]

Sve u svemu, kao i pre pet godina, ključni faktori koji utiču na postojanje korupcije ostali su manje-više isti. Preciznije rečeno, istraživanja javnog mnjenja[16] pokazuju da građani Srbije, za razliku od preduzetnika, *uzroke korupcije* vide nešto drugačije (bilo je moguće više odgovora od ponuđenih 11 alternativa). Naime, oni na prvo mesto, takođe, stavljaju nemoral i nepoštenje, odnosno moralnu krizu 52%, zatim opšte siromaštvo 51%, bezakonje, nepostojanje pravne države 39,6%, neefikasnost sudskog sistema 25,9%, politički sistem 20,9%, zakonodavstvo 19%, rat i sankcije 15,5%, ljudska priroda, ljudi su takvi 13,6%, male plate državnih činovnika 11% itd.

Oba ova istraživanja slažu se da je ključni zrok korupcije moralna kriza koja je zahvatila srpsko društvo i nepostojanje pravne države, odnosno odsustvo vladavine prava. Na drugoj strani, kada je reč o sudskom sistemu, odnosno njegovoj niskoj efikasnosti, kao uzroku korupcije imaju identične stavove. Takođe, zanimljivo je da preduzetnici, kao uzrok korupcije daleko češće vide u malim platama službenika u javnom sektoru nego što to čine građani. To znači da preduzetnici sa pozicija svog materijalnog statusa, na posredan način, amnesti-

---

[15] O razmerama moralne krize (što potvrđuju gotovo sva empirijska istraživanja) i duboke podeljenosti srpskog društva govori mnoštvo primera. Navešćemo nekoliko.

Prvo, jedna politička stranka (Liberalno-demokratska partija) suprotno Ustavu podržava i propagira otcepljenje Kosova i Metohije bez ikakvih pravnih i političkih posledica, i uz skupu predizbornu kampanju ulazi u Narodnu skupštinu.

Drugo, jedna medijska kuća zastupa tuđe interese „sofisticirano" podržavajući otcepljenje Kosmeta (podržavajući stranku i pojedince koji se zalažu za otcepljenje), takođe bez ikakvih moralnih ili pravnih posledica.

Treće, ljudi koji su zahtevali ili podržavali NATO bombardovanje Srbije na TV-ekranima drže „moralne" lekcije ili ispredaju svoje „stručne" ili „pravne" tirade bez ikakve profesionalne, društvene i moralne odgovornosti.

[16] Istraživanje je sprovedeno u martu 2006. godine na uzorak 1243 ispitanika na teritoriji Srbije, bez Kosova i Metohije. Širu interpretaciju tog istraživanja vidi: Васовић, М., 2007, „Представе о корупцији 2001-2006: ефекат политизације", *Социолошки преглед*, год. 41, но. 2, стр. 221-250.

raju korumpiranog javnog službenika od odgovornosti, i naravno, ublažavaju moralnu osudu korupcije kao nedolične i štetne društvene pojave.

Slika 1. Najvažniji faktori koji utiču na postojanje korupcije (višestruki odgovori)

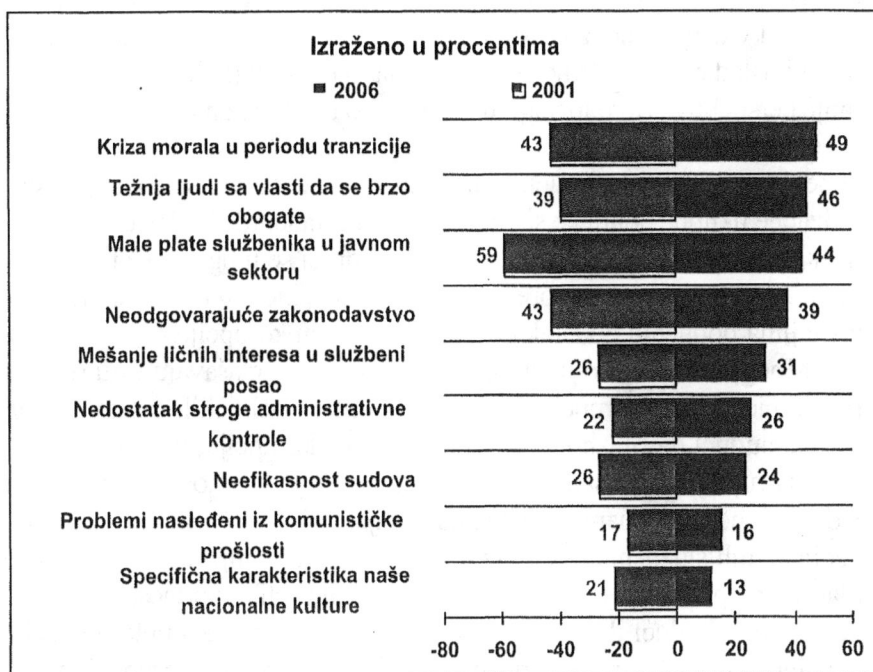

Izraženo u procentima

- 2006   2001

Kriza morala u periodu tranzicije	43	49
Težnja ljudi sa vlasti da se brzo obogate	39	46
Male plate službenika u javnom sektoru	59	44
Neodgovarajuće zakonodavstvo	43	39
Mešanje ličnih interesa u službeni posao	26	31
Nedostatak stroge administrativne kontrole	22	26
Neefikasnost sudova	26	24
Problemi nasleđeni iz komunističke prošlosti	17	16
Specifična karakteristika naše nacionalne kulture	21	13

-80 -60 -40 -20 0 20 40 60

Istovremeno, u istom istraživanju, kao *najvažniji uzrok korupcije* (bio je moguć samo jedan odgovor) vide kao: nemoral i nepoštenje (moralna kriza) 25,4%; opšte siromaštvo 24,3%; bezakonje, nepostojanje pravne države 16,6%; neefikasnost sudskog sistema 6,6%; politički sistem 6,4%; loše zakonodavstvo 5,0%; ljudska priroda, ljudi su takvi 4,4%; rat i sankcije 3,1%; male plate državnih činovnika 2,3%; nasleđe prethodnog komunističkog sistema 1,9% i nedostatak administrativne kontrole 1,0%. Niže obrazovani (osnovno i niže) na prvo mesto stavljaju moralnu krizu (35%), zatim opšte siromaštvo (19%), nepostojanje pravne države (14%) i slično. Srednje obrazovni na prvo mesto stavljaju nepostojanje pravne države (26%), opšte siromaštvo

(23%), moralnu krizu (18%) itd. Nasuprot ovome, visoko obrazovani na prvo mesto stavljaju nepostojanje pravne države (33%), moralnu krizu (19%), opšte siromaštvo (9%) itd. Ali, bez obzira na odsustvo vladavine prava, sveopšta moralna kriza i saromaštvo u javnomnjenskim istraživanjima zauzimaju prvo mesto.

Kao što vidimo, između istraživanja javnog mnjenja i preduzetnika ima nekih razlika ali ne značajnih. Takođe, između dva naša istraživanja stavova i viđenja preduzetnika došlo je do izvesnih pomeranja koja mogu nastati usled realnih promena koje nastaju u društvu (koliko- toliko otvaranje perspektive za mnoge građane, pravno i institucionalno uređenje države, odgovorniji represivni sistem, povećan standard građana i slično), i donekle različitih istraživačkih uzoraka, s jedne, i zbog smirivanja i stabilizacije ukupne političke situacije i porasta standarda kod većine građana, s druge strane. Te promene nisu tolike da bi se moglo govoriti o promeni trenda, nego pre govore o stabilnosti i kvalitetu u prethodnim istraživanjima dobijenih podataka o veličini i obimu korupcije.

Mnogi autori često naglašavaju ili, pak, prenaglašavaju tezu da bi s povećanjem plata korupcija javnih službenika i političkih delatnika bila manja, budući da bi, zbog veće otpornosti na korupciju, bili manje podložni korupciji. To je samo delimično tačno. Nije sporno da to može biti jedna od mera za smanjenje sitne korupcije, posebno u sistemu slabo plaćenih javnih službenika. Razlog možemo tražiti u činjenici što rizik loše plaćenog a potkupljivog javnog službenika nije veliki u odnosu na moguće benefite, budući da dobit od korupcije može nekoliko puta prevazići veličinu plate. Ali, suprotno ovom, kada je reč o krupnoj korupciji, odnosno o velikim svotama novca (na primer propuštanje šlepera na carini uz nadoknadu za nekoliko hiljada ili desetina hiljada evra, naduvavanje računa[17] ili nameštanje tendera za javne nabavke i slično) koje se nude za kršenje zakona to ne važi, jer je razlika između moguće korupcione dobi-

---

[17] Primera ima više. Navešćemo tri najnovija: prvi, odnosno slučaj izgradnje terminala na aerodromu „Nikola Tesla" u Beogradu, gde je, prema optužnici, umešana i bivša ministarka saobraćaja; drugi, pokušaj naduvavanja računa, u aferi „Pancir", o čemu je štampa mesecima pisala, u kojoj se pominjalo ime i tadašnjeg predsednika državne zajednice Srbija i Crna Gora i tadašnjeg ministra odbrane, koji je bio prinuđen da podnese ostavku; i treća, afera „Satelit", o kojoj je takođe mesecima pisano, u kojoj se takođe pominje ime tadašnjeg ministra odbrane.

ti i plate velika. (Naročito u situaciji što mnoge otkrivene korupcionaške afere nisu ni procesuirane a kamo li dobile sudski epilog.) Sa povećanjem mogućnosti veće „dobiti" od korupcije povećava se i izazov da se „uleti" u korupciju. Da je veličina plate sigurna brana korupciji demantuje najnoviji primer - afera „Indeks".[18]

I ovaj put, goptovo sve naše ranije izložene osnovne teze su empirijskim putem u potpunosti potvrđene, odnosno da se *ključni uzroci korupcije* u srpskom društvu moraju, pre svega, tražiti u sledećim činjenicama:

1. *Odsustvo vladavine prava*, odnosno slaba pravna država, koje duže vreme opstaje, zbog odsustva političke volje u vrhovima političkih stranaka i vršilaca vlasti, zatim odsustva široke društvene saglasnosti da je pravo osnovni regulator društvenih odnosa, turbulentnih društveno-političkih prilika, neodgovornog i sporog pravosuđa, velikog raskoraka između objavljenog prava i njegove empirijske primene (što će se kasnije detaljnije videti) koji ima dugu tradiciju na ovim prostorima, dugogodišnje vladavine samoupravnog socijalizma, koji je kod ljudi stvorio utisak o stečenim „pravima", kao i određene navike ponašanja i delanja, i slično.

2. *Kriza morala* i sveukupna moralna konfuzija, poremećen vrednosni sistem, koji su zahvatili srpsko društvo a koji su starijeg datuma[19] i samo su pojačani i dobili nove pojavne oblike u ovom tranzicionom vremenu. To, u najnovije vreme, potvrđuje, između ostalog, od-

---

[18] Afera „Indeks" na Pravnom fakultetu u Kragujevcu (pod predpostavkom da to nije odvraćanja pažnje naroda radi „političke" dobiti) otvara nekliko pitanja.

(1) Poznata je činjenica da su redovna primanja profesora na Pravnom fakultetu bila daleko najveća na Univerzitetu u Kragujevcu a među najvećim uopšte u visokom školstvu Srbije. Visoke plate za jedan broj njih nisu bile dovoljna brana da organizuju, prema optužnici, pravu prodaju ispita i diploma.

(2) Ovde je načelno reč o višestrukom problemu: prvo, profesori su trebali da služe za primer, kao vaspitači drugima, pre svega svojim studentima; drugo, što su neki predavali krivično pravo; i treće, što je o korupciji na Pravnom fakultetu godinama brujao ceo Kragujevac (i ne samo Kragujevac) a svi su zatvarali oči i uši. Ovo poslednje jasno potvrđuje našu, ranije izloženu, tezu da kod nas nema odlučnih i širokih moralnih osuda korupcije.

[19] Vidi: Viković, S., 1985, *Radništvo i birokratija*, Mladost, Beograd.

25

sustvo širokih moralnih osuda korupcije,[20] pljačke „društvene" imovine, prvo od strane „starog" režima (1990 – 2000), a zatim i od strane aktuelnih „prvoboračkih" garnitura (od 5. oktobra nadalje) na vlasti (bez obzira na njihovu političku boju), kriminala i drugih devijantnih ponašanja u srpskom društvu.

3. *Neodgovorna politička elita* društva, odnosno politička klasa, pretežno regrutovana iz bivše komunističke nomenklarure[21] i margina društva, koja nije svesna svoje društvene i istorijske uloge (suprotno brojnim primerima iz nacionalne istorije). U odsustvu društvene kontrole, ona je, zaokupljena, pre svega, svojim ličnim interesima. Uporedo s tim najčešće ide i, u Veberovom smislu, neprofesionalna i nekompetentna državna birokratija,[22] a o čemu će tokom daljeg izlaganja, takođe, biti više reči.

4. *Izostanak političke volje* zbog objektivnih i subjektivnih teškoća oko uspostavljanja funkcionisanja institucija sistema i rascepa u političkoj eliti (koja je u velikoj meri potpomognuta spolja) a koji se reflektuju na celokupno društvo. Zatim, sukobljenih interesa političkih aktera i neostvarenih a očekivanih nerealnih ambicija pojedinih aktera na političkoj sceni Srbije i stavljanje svojih privatnih interesa iznad interesa države i društva.

---

[20] Zato je jedan, između mnogih drugih, zahteva kragujevačkih studenata prava bio ne osuda korupcije (sem načelne), već da se ona ispita i na drugim visokoškolskim ustanovama. Time su nastojali, radi koliko-tolikog povraćaja svog narušenog ugleda u društvu, da relativizuju svoju odgovornost, odnosno, preciznije rečeno, odgovornost svojih kolega i profesora tezom „to se dešava svuda a mi plaćamo račun".

[21] Prelazak bivše komunističke nomenklature (sloja političkih rukovodilaca) u svet biznisa, odnosno privrednu elitu, otkrio sam u istraživanju strukture društva još 1989. godine. Jasudini indeksi su bili pozitivni. S tim da oni nisu prelazili u zanatstvo, tada dominirajući privatni sektor, već, pre svega, u intelektualne uslužne delatnosti, trgovinu i ostale delatnosti gde su koristili svoje dotadašnje poslovne i političke veze. Istraživanje je, iz objektivnih razloga, publikovano s zakašnjenjem. Vuković, S., 1994, *Pokretljivost i struktura društva*, IKSI, Breograd.

[22] Вуковић, С., 2003, *Коруйција и владавина йрава*, ИДН – Драганић, Београд. Као и: Вуковић, С., 2005, *Право, морал и коруйција*, ИДН – „Филип Вишњић", Београд.

5. *Tranzicija* - prelazak iz komandne ekonomije u tržišnu, odnosno iz socijalizma u kapitalizam. Ona sa sobom donosi vlasničku transformaciju, odnosno privatizaciju. To se u rastočenom pravnom sistemu preko noći pretvorilo u enormnu „zaradu" za vršioce vlasti, njihove podržavaoce, saputnike i kriminalne grupe. Mnogi su koristeći neregularno vreme, ne birajući sredstva to i učinili. Bezobzirna pljačka ogromne društvene imovine ubrzo postaje model ponašanja vlasti i sinonim uspešnosti. Sve je to uticalo na smanjenje odgovornosti svih onih pojedinaca koji su se našli u „blizini novca". U sledećem koraku to je relativizovalo moralne osude „sitnog lopovluka" i korupcije od strane velikog broja pripadnika društvene zajednice.

Naravno, kao uzroci korupcije ne mogu se preskočiti i oni manje važni kao što su velika regulacija ekonomskih tokova od strane države, siromaštvo društva, korupcija u zemljama u okruženju, slaba profesionalna udruženja i nizak nivo profesionalne etike kod velikog dela njihovih članova (koja se ne mogu, zbog instituta *nezameranja*[23] – a koji je u srpskom društvu zbog duge tradicije više nego moćan – iz-

---

[23] Primera odsustva profesionalne etike i nezameranja, koji su, između ostalih, indikatori moralne krize društva, ima na stotine u svim segmentim društva. Navešćemo tri karakteristična.

Prvi primer je slučaj klinike „Decedra", kojoj je i pored dva smrtna slučaja pacijenata vraćena upotrebna dozvola (pored toga što je o tim slučajevima štampa mesecima izveštavala), da je bilo reč o korupciji, verovatno se niko ne bi ni osvrtao. Kao najnoviji slučaj smrti trogodišnje devojčice u oftamološkoj ordinaciji „Ilić" i klinici „Perfekta", ćutanju lekara (Sud časti Lekarske komora SLD-a je najavio da će tek 1. januara 2008. razmotriti slučaj), zatim nemuštom reagovanju Etičkog komiteta SLD-a („Politika", 21. jun i 23. jun 2007). Sve to, kao i izostala ostavka ministra zdravlja, govori o dubini moralne krize srpskog društva.

Drugi primer je već pomenuti slučaj korupcionaške afere na Pravnom fakultetu u Kragujevcu. Prosto je neverovatno da gotovo polovina (17) profesora bude uhapšena (ukupno su „optužena" 23 profesora), a među njima tadašnji dekan, dva bivša dekana, prodekan za finansije, predsednik Saveta, jedan bivši član Ustavnog suda i pomoćnica ministra prosvete zbog primanja mita, a da ostali profesori i studenti nisu gotovo ništa znali.

Treći primer je problem plagijata (vidi: Жолт, Л., 2005, „Редакцији часописа Социолошки прегледд", *Социолошки преглед*, вол. XXXIX, но. 4, стр.497-504) koji je na samo na Filozofskom fakultetu u Novom Sadu nego i na Univerzitetu u Novom Sadu ostao bez ikakvog odjeka i ikakvih konsekvenci.

boriti za poštovanje profesionalne etike i kodeksa koja su sama donela), zauzetosti srpske političke elite rešavanjem državnog statusa i mnogi drugi manje ili više važnih činilaca.

Istorijsko nasleđe je takođe značajan uzrok korupcije. O raširenosti korupcije u Otomanskom carstvu, samim tim i u njegovim okupiranim područjima na Balkanu, ima obilje istorijskih izvora. Ona je bila toliko raširena da je postala način života kako vlasti tako i podanika.[24] Zato poznati nemački pravnik Savinji pominje korupciju u Otomanskom carstvu u svom nevelikom spisu o filozofiji prava.[25] U Miloševoj Srbiji, i kasnije do ujedinjenja, podmitljivost je bila takođe raširena, o čemu ima dosta reči i u tadašnjoj književnoj produkciji i istorijskim izvorima.[26] Ni Kraljevina Jugoslavija nije bila imuna na korupciju, kako sitnu tako i krupnu o čemu svedoče mnogi istorijski izvori i brojne afere.[27] Kada je reč o socijalističkoj Jugoslaviji o korupciji u naučnoj literaturi gotovo ni reči. Slično je sa umetničkom književnom produkcijom tog doba. A ono o čemu se ne piše – gotovo da i ne postoji.

Sociolozi su se, ako nije reč o empirijskoj sociologiji, pretežno bavili Karlom Marksom, Engelsom, Lenjinom, Rozom Luksemburg, otuđenjem, ljudskom prirodom, besklasnim društvom, samoupravljanjem, srpskim fažizmom, i drugim velikim temama. Kod ekonomista takođe o korupciji gotovo ni reči. Oni su teorijski i empirijski opravdavali prednost dogovorne ekonomije ili su se, najčešće, bavili mikroekonomskim temama. Nakon dolaska na red privatizacije znantan deo njih bio je zaokupljen procenom kapitala u društvenim preduzećima. (Jedan deo tih procena obavljen je uz korupciju.) Na drugoj

---

[24] Радонић, J., 1950, *Римска курија и јужнословенске земљеод XVI до XIX века*, САН, Београд.

[25] Savinji, F. K.,1998, *Zakonodavstvo i pravna nauka*, CID, Podgorica.

[26] *Korupcija i razvoj moderne srpske države*, 2006, Beograd.

[27] Arčibald Rajs, 2004, *Čujte Srbi! Čuvajte se sebe*, Fond „Dr Arčibald Rajs" - HOCS, Beograd – Cirih; Kulundžić, Z., 1968, *Politika i korupcija u kraljevskoj Jugoslaviji*, Stvarnost, Zagreb. i Avramovski, Ž., 1986, *Britanci o Kraljevini Jugoslaviji*, knj. I, Arhiv Jugoslavije – Globus, Beograd–Zagreb; Stojadinović, M. M., 1990, *Ni rat ni pakt*, „Otokar Keršovani", Rijeka.

strani, kod pravnika korupcija je ušla u Krivični zakonik, i kao mito i kao zloupotreba službenog položaja.[28] Iako je korupcija jedan od vidova kriminala, pored izuzetaka, kod kriminologa, daleko je manje o njoj bilo reči nego sto to „zaslužuje". To je, shodno prvom „ugovoru" između vlasti i naroda,[29] bila tabu tema, jer je korupcija bila rezervisana za komunističku elitu, odnosno tadašnje narodne upravljače.

I na kraju, nema iole ozbiljne rasprave o uzrocima korupcije u savremenom srpskom društvu koja može mimoići, što se inače često čini, uključivanje u analizu *velike uloge spoljnih činilaca*, kao što su:

1. *Razbijanje druge Jugoslavije* koje je prouzrokovalo razbijanje državne organizacije i kidanje uspostavljenih ekonomskih tokova. Zatim, izneverena u dugom periodu davana obećanja od strane vlastodržaca a samim tim i izneverenih očekivanja, naglo urušavanje vrednosnog sistema koji je pratila socijalna i moralna anomija celog društva,[30] a kojoj je prethodila satanizacija Srba kao naroda u zapadnom javnom mnjenju.[31] Sve je to praćeno nesposobnošću političkog sistema da se prilagodi novim izazovima i potrebama i nastojanje „međunarodne zajednice", odnosno moćnih sila Zapada da za to razbijanje ključnu krivicu pripišu Srbiji i srpskom narodu;

2. *Rat u okruženju* koji sa sobom povlači nelegalnu trgovinu oružjem (uz pomoć korupcije) a zatim i razne vidove šverca i kriminala, bezakonja i slično, koji se, takođe, najčešće obavljaju uz pomoć ko-

---

[28] Problem je, kao uostalom i u drugim slučajevima, u empirijskoj primeni prava. U prvom slučaju mita, iako je korupcija bila itekako raširena, gotovo da nema osuđenih za to delo. U drugom slučaju to se, najčešće, svelo, iako je reč o ogromnom lopovluku, na osudu „knjigovođa". Politička elita bila je u potpunosti zaštićena. Jedan od kanala za opšti lopovluk bila su razna sportska udruženja i klubovi u kojim su sedeli komunistički moćnici.

[29] Вуковић, С., 2005, *Право, морал и коруйција*, Београд, стр. 7-9

[30] Takođe vidi: Mitrović, M., 2007, „Društveni sukobi i kriminalitet u Srbiji", u: *Stanje kriminaliteta u Srbiji i pravna sredastva reagovanja*, I deo, prir. Đorđe Ignjatović, Pravni fakultet u Beogradu, Beograd, str. 104-118.

[31] O razmerama antisrpske propagande i satanizacije Srba i Srbije opširnije vidi: Вуковић, С., 2007, *Како су нас волели: анйисрйска йройаїанда и разбијање Јуїославије*, Stilos – ИДН, Београд.

rupcije. U svim tim neregularnim poslovima i vremenima, bili su uključeni ne samo pojedinci skloni kriminalu već i mnogi „poverljivi" pojedinci bliski vlasti. Na taj način se dolazi do personalne veze između vlasti ili njenih delova i pojedinih kriminalnih grupa, odnosno do kriminalizacije prvo vlasti a u sledećem koraku i celokupnog društva.

3. *Sankcije* su ukinule legalane finansijske transakcije s inostranstvom i onemogućile legalan uvoz nedostajuće robe. Zato je država bila prinuđena da nelegalne finansijske tokove i nelegalan uvoz takve robe dozvoli a samim tim i da ih politički legitimiše. U tom poslu vršioci vlasti, pored državnih institucija, uključuju i sebi bliske pojedince koji će se vlasti uskoro otrgnuti pred izazovima koji su im se pružili, s jedne, i pojedincima iz kriminogene sfere, s druge strane, radi koliko-tolikog održanja snabdevanja stanovništva deficitarnom robom i funkcionisanja ekonomije zemlje. To je dovelo do zakoračenja državnih funkcionera u krimogenu zonu i do stvaranja personalne unije između kriminogenih i državnih struktura, što je otvorilo mogućnost mnogim pojedincima da deo „zarade" zadrže za sebe. Na taj način otpočela je kriminalizacija celokupnog društva;

4. *Potpaljivanje i potpomaganje kosovsko-metohijske krize* od strane moćnih država Zapada, čime se na direktan način sprečava konsolidovanje države i političke scene u njoj. To zatim podstiče unutrašnje rascepe u društvu. Sve to zajedno troši značajna materijalna sredstva i enormnu energiju društva, skreće pažnju s njegovih problema, usporava ekonomski oporavak, konstituisanje institucija društva, njegov moralni oporavak i pravno uređenje države;

5. *Razaranje zemlje bombardovanjem* sa svim ljudskim, ekonomskim i politčkim posledicama, koje je uticalo na smanjenje ekonomske aktivnosti, zaposlenosti, povećanje prividno zaposlenih i siromašenje celokupnog društva. To je u velikoj meri uticalo i na njegovu dezintegraciju i na snižavanje moralne otpornosti celokupnog društva na razne patološke pojave;

6. *Razni i konstantni pritisci i uslovljavanja od strane „međunarodne zajednice"*, odnosno moćnih sila Zapada i njihovo gotovo svakodnevno mešanje u unutrašnje stvari Srbije, odnosno njihov pokušaj da Srbiju stave pod svoju potpunu političku, medijsku i ekonomsku

kontrolu.[32] To usporava mukotrpnu i dugu tranziciju srpskog društva, odnosno vlasničko prestrukturisanje ekonomije i razvoj domaćeg preduzetništva, priliv stranih investicija i ekonomski oporavak zemlje, zatim konstituisanje i demokratsku obnovu postojećih institucija društva i konstituisanje novih.

O svemu tome, na izvestan način, takođe smo govorili na drugom mestu.[33] Navedeni uzroci su, u velikoj meri, potpomogli destabilizaciji srpskog društva u usporili njegovu transformaciju u moderno građansko društvo, a samim tim potpomogli i razvoj korupcije, kako one sitne tako i one krupne, zatim razvoj raznih oblika kriminala i mnogih drugih patoloških društvenih pojava. I to, kako korupcije za dobijanje prava tako i one radi kršenja prava. To je naravno uticalo i na smanjenje poštovanja zakona, kako od strane političke klase tako i od članova društvene zajednice, odnosno „običnih" građana. Poseban je problem što su ti uzroci uticali na dezintegraciju, političke i druge društvene rascepe i konfuziju a zatim i na moralno stanje društva odakle proističe i odsustvo širokih moralnih osuda korupcije i kriminala (posebno ekonomskog). Uspostavljanje novog vrednosnog sistema i moralni oporavak društva je, zbog svoje dubine i širine zahvata, najsporiji i najteži posao koji se postavlja pred srpskim društvom.

Istraživanje svih tih uzroka odvelo bi nas daleko, zato ćemo ih samo nabrojati bez dublje elaboracije, jer bi to zahtevalo znatno više prostora i vremena. Drugi je problem što bi se, pod uslovom njihovog

---

[32] U tom kontekstu možemo tumačiti najnoviji politički i medijski pritisak od strane LDP-a i B 92 na najuspešnjiu srpsku kompaniju „Delta", a da pri tom ni reči ne kažu o krajnje sumljivoj prodaji „Sartida" američkoj firmi za cenu (po procenama) od oko 5% njegove vrednosti. Takođe, u istom kontekstu, odnosno kao jedan od vidova pritisaka na Srbiju u vreme pregovora oko statusa Kosova i Metohije, možemo tumačiti i izveštaj nevladine organizacije Mental Disability Rights International, sa sedištem u Vašingtonu koju finansira Džordž Soroš, objavljen u Vašingtonu pod naslovom „Mučenje kao lečenje" o položaju štićenika u ustanovama socijalne zaštite za osobe sa posebnim potrebama, koji je u velikoj meri zasnovan na lažima i poluistinama. Vidi: *Beta, Tanjug*, 15. novembar 2007; „Политика", 16. новем-. бар 2007.

[33] Вуковић, С., 2003, *Коруйција и владавина йрава*, Београд. Такође: Вуковић, С., 2005, *Право, морал и коруйција*, Београд.

detaljnog ispitivanja, izgubila osnovna nit istraživanja uzroka i raširenosti korupcije.

Ali, bez obzira na rečeno, kako vreme bude prolazilo i kako u Srbiji bude napredovala ekonomija, rastao standard, umirila se politička scena i stabilizovala država, eho ovih uzroka, ne samo korupcije i kriminala, nego i mnogih drugih brojnih problema srpskog društva (kao što je, na primer, društveni rascep), vremenom će sve više opadati. Sa stabilizacijom društveno političke scene neminovno dolazi do nužnih ali nedovoljnih uslova za stavljanje korupcije pod koliku toliku kontrolu – u onoj meri u kojoj je to učinjeno u nekim razvijenijim državama Zapada.

PRAVOSUĐE IZMEĐU
POVERENJA I KORUPCIJE

Poverenje je jedna od ključnih samoregulativnih institucija savremenih društava, a korupcija jedna od ako ne najvećih ono među najvećim njihovim pošastima, koja je tvrdokorna i s njegovim razvitkom sve više dolazi do izražaja i značaja. Ukoliko u društvu ima više poverenja između članova društvene zajednice manje je korupcije i obrnuto. Istovremeno, savremeno društvo ne možemo zamisliti bez prava i njegovog izvršioca – pravosuđa. Odnos između poverenja u pravosuđe, raširenosti korupcije u društvu i korupcije u pravosuđu je višeznačan i uzročno posledičan. Preciznije rečeno, između poverenja u pravosuđe i raširenosti korupcije u srpskom društvu, i poverenja u pravosuđe i korupcije u njemu, postoji pozitivna korelacija. Koliko je poverenje u srpsko pravosuđe i koji su tome ključni uzroci, zatim koliko je u njemu raširena korupcija, i na kraju, kakvi su ti međusobni odnosi i uticaji pokušaćemo da ispitamo na sledećim stranicama.

Poverenje u pravosuđe

Rasprava o mestu i ulozi pravosuđa, a posebno sudstva kao njegove ključne karike, u savremenom srpskom društvu, i njihovoj ulozi i uticaju na suzbijanje korupcije kao i o njihovoj potkupljivosti, ne može zaobići diskusiju o legitimitetu[34] prvo sudstva, a zatim i pravosuđa, i poverenja u njih. Naročito ako pođemo od nesporne i poznate sociološke činjenice da je sud-

---

[34] Problem legitimiteta je višeznačan. Naročito zato što ima stanovišta da jedan pravni sistem ne mora da ima legitimnu vlast, ali on mora da pretenduje na vlast, jer je pretenzija na vlast priroda prava. Zato da bi jedan pravni sistem prisvojio vlast on mora biti kadar da je ima i on mora da je u načelu kadar da poseduje moralna svojstva vlasti. Raz, Dž., 2005, *Etika u javnom domenu*, CID, Podgorica, str. 234 -240.

stvo čuvar vladajućih društvenih vrednosti, zatim da je ono, pored tužilaš-
tva, zaduženo za sprovođenje i uterivanje prava, odnosno da održava posto-
jeći poredak delovanja i da rešava nastale sporove koji mogu da poremete
taj poredak.[35] Drugačije rečeno, pravo je mukotrpno traganje za objektiv-
nošću između često međusobno suprotstavljenih subjektivnih zahteva čla-
nova društvene zajednice i ekonomskih subjekata.

Za ostvarenje i postizanje tog cilja, na široko prihvatljiv način, nužan
uslov je da sudovi poseduju autoritet, koji u mnogome zavisi od njihove
nepristrasnosti, kao i legitimiteta i poverenja članova društvene zajednice
u njih. To, pre svega, znači da je uloga suda određena da autoritativno re-
šava sporove, bez obzira na to da li je rešavanjenje moguće ili ne, na osno-
vu objavljenih pozitivnih zakona, već i u slučajevima kada ne postoji pisa-
na norma.[36] Samim tim, to povećava njihovu moć, a shodno tome i druš-
tvenu ulogu, s jedne, i odgovornost, s druge strane. To, takođe, stvara uslo-
ve za razne pritiske na njega kao i za njegovu eventualnu zloupotrebu. Da
bi odluke sudova bile široko prihvaćene neophodno je da oni poseduju op-
štepriznat autoritet. Sudstvo mora da poseduje legitimitet, odnosno da uži-
va široko poverenje od strane članova društvene zajednice kao arbitra u re-
šavanju nastalih sporova. Da bi se to postiglo, jedan od ključnih uslova je
njegova nepristrasnost. Zato je ovde nužno ispitati koji sve činioci utiču na
njegov legitimitet i poverenje, i eventualno koje činjenje ili nečinjenje čla-
nova društvene zajednice i pripadnika sudskog sistema krnji njegov auto-
ritet. Tako ćemo videti kako se to odražava na korupciju u društvu – i obr-
nuto koliko raširenost korupcija u društvu i u samom pravosuđu utiče na
njegov legitimitet, a samim tim i na poverenje u njega.

* * *

Dosadašnje iskustvo nam govori da na legitimitet i poverenje u pravo-
suđe, a samim tim i u sudstvo, utiču mnogobrojni društveni činioci. Oni se
mogu podeliti na dva, uslovno rečeno (zbog čestog preplitanja njihovih
uzroka) idealno tipska korpusa – odnosno na spoljne i unutrašnje činioce.

---

[35] Hajek, F. A., 2002, *Pravo, zakonodavstvo i sloboda*, Beograd – Podgorica,
Službeni list SRJ – CID, str. 94, 95.
[36] Raz, Dž., 2005, *Etika u javnom domenu*, str. 253.

Spoljni, opšti činioci, u najširem smislu reči, jesu društveno istorijski uslovi, zatim svi oni činioci koji nastaju političkim, ekonomskim, medijskim i drugim delanjem političkih i raznih drugih, često interesno suprotstavljenih aktera na društvenoj sceni, a koji manje-više utiču ili mogu uticati na odluke sudova.

Unutrašnje činioce možemo podeliti na dva segmenta: prvi koji se tiču unutrašnje nesaglasnosti u pravu, i drugi koji potiču iz samog sudskog sistema, odnosno od činjenja i nečinjenja sudova.

Kao prvi problem postavlja se pitanje koliki je u tome udeo pojedinih kako spoljnih tako i unutrašnjih činilaca (koje je, kao i u mnogim drugim segmentima u društvenoj nauci, gotovo nemoguće izmeriti). Sledeći je problem, u kojoj meri ti činioci utiču na pravednost, nepristrasnost, sposobnost, brzinu, poštenje i dostupnost sudskog sistema u obavljanju svog zadatka. Bolje rečeno, u kojoj meri to utiče na obavljanje njegove posredničke uloge između propisanih pravnih pravila i svakodnevnog ponašanja i delanja članova društvene zajednice.

Prema tome, na legitimitet pravosuđa utiču mnogi, manje ili više važni činioci. U modernim društvima pritisci na sudski sistem mogu imati širok dijapazon, počev od direktnih (što je po pravilu odlika nedemokratskih društava), preko posrednih[37] i sofisticiranih (finansiranje, reizbor, postavljanje /izbor/ predsednika sudova i sudija, lustracija i slično). Oni nisu naša specifičnost već i jednih i drugih ima i u savremenim društvima Zapada. Posredni pritisci su češći i suptilniji i karakteristika su manje-više i demokratskih društava. Ali, nas ovde, pre svega, interesuje kako stoje stvari u Srbiji. Budući da tih pritisaka ima više, kako direktnih tako i posrednih, a mnogi od njih su najčešće i nevidljivi ovom prilikom navešćemo najkarakterističnije.

* * *

Spoljnih pritisaka na pravosuđe koji utiču na njegov legitimitet i poverenje, kao što je rečeno, ima više i oni u većoj ili manjoj meri važe gotovo za sva pravosuđa. Među tim pritiscima, kada je reč o našim uslovima, navešćemo kao najvažnije sledeće.

---

[37] Na šta upućuju mnogi najviši predstavnici pravosuđa. Vidi: Вида Петровић – Шкеро, „Политика прети судству", интервју, „Новости", 26. април 2007.

Korpus istorijskog nasleđa. Jedan od vidova značajnih ali najmanje vidljivih a najčešće posrednih pritiska na pravosuđe a samim tim i na sudstvo jeste istorijsko nasleđe. U taj korpus neminovno spada to koliko su široko rasprostranjena uverenja, koja se ne stvaraju preko noći, o neophodnosti postojanja nezavisnog sudstva. Pored toga, u kojoj se meri u državi ostvaruje ideja vladavine prava,[38] zatim koliko, kako to Kožev kaže, „zakonodavac (Država ili Vlada, na primer) uživa pravno poverenje članova Društva",[39] budući da se to ono, po sistemu spojenih sudova, „preliva" s jedne na drugu instituciju društva. Tu se, takođe, nalazi i stepen ukorenjenosti vrednosnog sistema, moralnosti, građanske svesti i hrabrosti, običaja, navika (na primer: traženje veza i vezica, davanje sudova i stavova o stvarima o kojima ne posedujemo neophodna znanja ili nemamo dovoljno informacija i slično) koji utiču na pravosuđe, da bi od strane članova društvene zajednice bila podržana nezavisnost pravosuđa. Ona zavisi od stabilnosti društvenog sistema i institucija društva, opšte društvene klime, političkog stanja u konkretnom društvu i svesti o važnosti i širine prihvaćenosti nezavisnog sudskog sistema. U formiranju tog društvenog stanja učestvuju svi, počev od političke vlasti, preko medija i „nevladinog" sektora, do pojedinaca. To društveno stanje je teško definisati a njegova razrada i specifikacija zahtevala bi posebnu studiju, što bi izašlo iz okvira ove rasprave. Medijski pritisak na sud može poslužiti prvo za slabljenje, a zatim (ubrzo nakon toga) i za rušenje političke vlasti,[40] u slučaju kada jedna društvena (separatistička) grupa ne pri-

---

[38] Вуковић, с., 2003, *Коруйција и владавина йрава*, ИДН-Драганић, Београд, стр. 31-49.

[39] A. Kožev, 1984, *Fenomenologija prava*, Nolit, Beograd, str. 129.

[40] Primer je opšta kampanja u Sloveniji za odbranu Janeza Janše (reč je bila o odavanju vojne tajne), neposredno pred razbijanje/raspad druge Jugoslavije, a koja je u suštini bila uperena protiv vojnog pravosuđa i JNA, a samim tim i legalnih institucija savezne države. U toj kampanji učestvuju svi, od komunističkog vrha Slovenije, preko tadašnje opozicije i „nevladinog" sektora, do „običnih" građana. Ono je, pored antijugoslovenstva, poslužilo za nacionalnu homogenizaciju Slovenaca i slabljenje ne samo tadašnjeg vojnog pravosuđa u Sloveniji, već i putem njegovog slabljenja za krnjenje autoriteta savezne vlasti kao takve. I naravno, sve u funkciji priprema za kasniju secesiju Slovenije.

znaje nacionalno (državno) pravo. Ili, pak, kada jedna ideološka grupa (primer: ranije komunisti, a u najnovije vreme razni separatisti i verski fanatici) ne priznaje državno pravo. Drugim rečima, rušenjem jednog od tri stuba vlasti, i to onog najslabijeg (Monteskje), krnji se autoritet vlasti kao takve, pa samim tim i sudske, što može poslužiti kao uvod u njeno rušenje.

Politički pritisci. Nezavisnost suda u odnosu na političku vlast osnovni je uslov njegovog autoriteta. Preciznije rečeno, koliko sudstvo odoleva nastojanju političke vlasti, koje nije od juče nego je poznato od pamtiveka, da ga stavi pod svoju direktnu ili indirektnu kontrolu zavisiće stepen poverenja u njega od strane članova društvene zajednice. To je važno u svakom društvu, a posebno u društvima u kojima su na delu velike i nagle promene kao što su tranziciona i postkomunistička, da bi se povratio ili nanovo izgradio njegov autoritet narušavan tokom decenijskog delovanja. Poznato je da je ono (sudstvo) više od pedeset godina bilo u podređenom položaju. Takođe je poznato da je pritisak na sudstvo i da bi se izdejstvovala poželjna odluka po vršioce vlasti (bez obzira da li se radilo o njihovom ličnom ili „opštem" interesu) mogao da se izvrši jednim telefonskim pozivom iz lokalnog partijskog komiteta. To se stanje ne može preko noći prekinuti – samo što sada nije više reč o jednoj nego o više stranaka.

Neizvršavanje sudskih odluka. Da bi sudska odluka imala funkciju odvraćanja kod potencijalnih prekršilaca prava ona mora biti na vreme izvršena. Njihovo neizvršavanje ili odugovlačenje od strane izvršne vlasti, takođe predstavlja jedan od vidova pritisaka na pravosuđe. Budući da ono nema formalnih mehanizama da ih sprovede, već je upućeno na izvršnu vlast (Vladu) da to učini.[41] Zato sprovođenje sudske presude za sud predstavlja poseban problem. Na poverenje u sudstvo a samim tim i u pravosuđe utiče efikasnost sudskog izvršitelja (što spada u unutrašnje uzroke), koji najčešće mora imati asistenciju aparata prinude,[42] ko-

---

[41] Kožev, A., 1984, *Fenomenologija prava*, Nolit, Beograd.

[42] U našem istraživanju iz aprila 2004. godine sudski izvršitelj (koji pripada sudu) je od strane preduzetnika dobio najnižu ocenu, odnosno nižu od sudske administracije, tužilaštva, policije i sudova.

ji su spoljni. Njegova niska efikasnost može da ima više razloga kao što su: izostanak aparata prinude, politički pritisci, korupcija ili drugi interesi (na primer: partijski, prijateljski, rođački itd.) ili naravno loša organizacija rada suda, nerad i slično.

Poštovanje zakona. Poznato je da poštovanje zakona od strane članova društvene zajednice, pored prethodno navedenog, utiče na poverenje u sud, a samim tim i u pravosuđe kao takvo. Stepen poverenja u pravosuđe možemo videti, između ostalog, i u tome koliko se u jednom društvu poštuju zakoni, što bi značilo da između poverenja u pravosuđe i poštovanja zakona postoji direktna uzročno posledična veza. Drugačije rečeno, u kojoj meri izvršna i sudska vlast (svaka u svom domenu odgovornosti) tolerišu kršenje objavljenih zakona, a koje se sastoji od namernog izbegavanja otkrivanja (ili prijavljivanja), zatim procesuiranja, osude i na kraju blagovremenog izvršenja pravosnažnih sudskih odluka, odnosno prekršilaca pravnih normi. Ili, kolika je razlika, kako bi Veber kazao, između objavljenog prava i njegove empirijske primene. Zatim, da li obe ove vlasti (sudska i izvršna) i u kojoj meri svojim činjenjem i nečinjenjem tolerišu ili, pak, pospešuju ovu razliku. Za to „odgovornost" ne snosi samo sudstvo (mada se ono ne može amnestirati), već, pre svega, vlast sa sve tri svoje grane, i šira društvena zajednica sa svojim istorijskim nasleđem i u najširem smislu reči i opšti društveno-politički uslovi koji su u konkretnom društvu dominantni.[43]

Ukoliko je poštovanje objavljenih zakona veće utoliko će pravosuđu (i ne samo pravosuđu) rasti ugled a samim tim i poverenje u njega i obrnuto. Zato se logično nameće pitanje koliko masovno nepoštovanje bilo kog zakona podriva poštovanje i drugih, s jedne, i sudskog sistema, s druge strane? Preciznije rečeno, da li, na primer, masovno nepoštovanje nekih „manje važnih" propisa, kao što su urbanistički (ili bilo kojih drugih), što je slučaj kod nas, utiče na druge koji su „više rangirani" kao što je neplaćanje poreza ili pak obrnuto? I koliko to nepoštovanje istovremeno utiče na ugled tužilaštva i suda? Tako postavljena pitanja mogu izgledati, najblaže rečeno, neobično. Čim

---

[43] Vidi šire: Вуковић, С., 2005, *Право, морал и корупција*, Београд, „Филип Вишњић" – ИДН, стр. 23-67.

se u taj problem malo više zavirimo pita-nja nisu besmislena a sam problem postaje višestruk.

Ako u analizi pođemo od opštepoznate činjenice da je pravni sistem jedinstven i da između pojedinih zakona postoji međuzavisnost - shodno prirodi i unutrašnjoj logici prava[44] - odgovor na postavljena pitanja morali bismo potražiti na sledećem tragu, jer nepoštovanje bilo kog zakona, odnosno njegovo nesmetano kršenje: prvo, povlači za sobom poštovanje (podrivanje) prava kao takvog, odnosno zakona, a u sledećem koraku i svih oblika vlasti pa i sudske (čija je dužnost da uteruje zakone); drugo ono je nepravedno prema onima koji poštuju zakone (čestitim građanima) i samim tim, ako je reč o masovnom kršenju nekog zakona ublažava moralne osude od strane članova društvene zajednice za kršenje prava (koje zatim povratno utiču na češće kršenje pojedinih zakona i održanje moralnog i pravnog sistema društva). I treće, masovno nepoštovanje bilo kog zakona odraziće se, što proizlazi iz prvog stava, u većoj ili manjoj meri, na masovno nepoštovanje nekih drugih,[45] na primer, plaćanja poreza, što donosi štetu državnoj blagajni (iz koje se finansira zadovoljenje raznih potreba pripadnika društvene zajednice).

Prebacivanje odgovornosti. U poremećenim društvenim odnosima imamo pojavu prebacivanja odgovornosti za činjenje ili nečinjenje s jedne institucije na drugu. Jedan od evidentnih vidova pritiska na sudstvo je takođe prebacivanje odgovornosti izvršne vlasti kao moćnije, za svoje činjenje i nečinjenje, na pravosuđe. To se naročito dešava u situaciji kada izvršna vlast, da bi sa sebe skinula odgovornost, očekuje da pravosuđe za nju obavi postavljeni zadatak, odnosnio kada sud ili neki drugi pravosudni organ to voljno ili nevoljno učini.[46]

---

[44] Fuler, L. L., 1999, *Moralnost prava*, Podgorica, CID.

[45] Raz, Dž., 2005, *Etika u javnom domenu*, str. 261.

[46] Takvih slučajeva ima više. Karakterističan je primer privatizacija *Sartida*, odnosno afera „Čelik“. Svedoci smo u već nekoliko godina prebacivanja odgovornosti, aktera privatizacije *Sartida* jedne na druge. Zanimljivo je da je ugovor potpisan za vreme policijske akcije „Sablja“ (31. marta 2003). Stečaj je sproveo Trgovinski sud u Beogradu a ne u Požarevcu (koji je bio nadležan).Odgovornost za privatizaciju se prebacuje na Trgovinski sud, iako je glavnu reč, vodila Vlada i Ministarstvo za privatizaciju. http://www.ekonomist.co.yu/magazin/em162/sic/sic5.htm. Takođe: ttp://www. pregled.com/info_pregled.php?id_nastavak=14050&tmpl=info_pregled_nastavak_tmpl

Poseban je problem kada izvršna vlast za stanje u društvu ili u pojedinim segmentima društva, da bi sa sebe skinula odgovornost, optužuje pravosuđe. To kod građana stvara konfuziju i umanjuje kredibilitet institucije suda.

Javna komentarisanja odluka sudova. Jedan od vidljivijih vidova pritisaka na sudstvo su javna komentarisanja odluka sudova od strane političke vlasti ili njoj bliskih pojedinaca. O tajnim pretnjama ili telefonskim pozivima postoji, i kod jednih i drugih (političara i sudija), jedna vrsta zavere ćutanja. Zato o tome ovom prilikom ne možemo govoriti. (O njima možemo dobiti samo neka načelna saznanja, jer se o tom tipu pritiska na sudstvo pretežno govori u prošlom vremenu.) To se dešava u situacijama kada im se te presude ne dopadaju ili su u suprotnosti sa njihovim trenutnim političkim ili ličnim interesima.[47] Tu, takođe, spada javno (putem elektronskih medija i štampe) odobravanje odluke suda (presude) od strane političke elite ili grupe na vlasti, kada je takva odluka nametnuta u javnom mnjenju ili, pak, kada je deo političke elite *zadovoljan* sudskom odlukom radi pribavljanja „političke legitimnosti" njegovim „političkim" odlukama, odnosno pribavljanje bilo kakve „legitimnosti" kada je javno mnjenje podeljeno i uzburkano ili kada u stručnom mnjenju postoje krupne nesaglasnosti. A sve s ciljem kako bi se sakrila podređenost suda političkoj vlasti, odnosno da su te odluke iznuđene, da se tobože donose pod pritiskom. Ti pritisci mogu biti direktni i indirektni.[48] Tako se, u najboljem slučaju, u jednom delu javnog

---

[47] Opš. vidi: Вуковић, С., 2003, *Коруйција и владавина йрава*, стр. 51-85.

[48] Karakteristična je atmosfera i pritisci dela političke elite (koja sebe naziva proevropskom) pred donošenje presude (u prvoj istanci) za ubistvo premijera Srbije Zorana Đinđića. Direktni pritisak čine stranački podmladak Demokratske stranke, G 17 plus i Liberalno-demokratske partije tako što ispred zgrade suda organizuju prave demonstracije podrške (presuda je bila kovertirana?) sa transparentima. Zatim, jedan vid pritiska na pravosuđe predstavlja i prisustvo u sali za vreme izricanje presude aktuelnih i bivših ministara, kao i mnogih partijskih funkcionera DS, G17 plus i LDP-a (Vidi: „Politika", 24. maj 2007, „Blic" 24. maj 2007, „Novosti" 24. maj 2007). O izjavama političke elite tog dana suvišno je trošiti reči. Navešćemo najkarakterističniju bivšeg premijera Zorana Živkovića: „Danas je peti oktobar srpskog pravosuđa" (*B92*, Dnevnik 18.30). Inače je peti ili, pak, izostali „šesti" oktobar u nedostatku ideja (sem lopovluka) svemoćna mantra jednog dela novokomponovane srpske političke elite, naročito onog dela njenih predstavnika koji su, posle neuspeha na izborima, pali sa političke scene.

mnjenja, ako ne i u većinskom, stvara sumnja u ispravnost sudskih od-
luka a to krnji njegov ugled.

Pretnja lustracijom. Sledeći vid pritiska na sud je pretnja lustraci-
jom, odnosno, najjednostavnije rečeno, pročišćavanjem sudstva i nje-
govom prilagođavanju „novom" ideološkom konceptu. Najžešći zago-
vornici lustracije su bivši komunistički moćnici koji traže lustraciju
onih koji su poštovali pravila sistema. Lustraciju, takođe, traži punih
sedam godina (od petooktobarskih promena vlasti) i jedan deo novo-
komponovane političke elite, a samim tim i deo izvršne vlasti i njima
naklonjeni mediji. Cilj je da se uz pomoć zakonodavne vlasti (koja bi
trebalo da potvrdi lustraciju) oslobode političkih neistomišljenika. Po-
seban problem sadržan je u tome što je lustracija uvozna „roba" i naj-
češće je na javnoj sceni promovišu domaći glasnogovornici (javni i
prikriveni) tzv. „međunarodne zajednice". To je jedna, između ostalih,
poluga za pritisak moćnih sila Zapada na vlast i mešanja u unutrašnje
prilike u Srbiji. Među zagovornicima lustracije, takođe, ima i pojedi-
nih pripadnika političke elite, koji je zagovaraju u nedostatku ideja a
radi pribavlja-nja „jeftinih" političkih poena.[49]

Problem je u tome što je pretnja lustracijom, kao i sve vanredne i
revolucionarne mere, najčešće pretnja političkim neistomišljenicima.
Postavlja se pitanje ko može biti član lustracionih komiteta, po kojim
kriterijima će se ona obavljati i od kada početi s lustracijom – od kra-
ja 1944. ili kasnije (neki će zahtevati i od 1941). Zatim, da li će biti
lustrirani oni koji su ideološki pripremili, naređivali ili vršili teror nad
nedužnim stanovništvom ili izvršili zločine odmah nakon Drugog
svetskog rata i kasnije. Da li će podleći lustraciji oni koji su sprovodi-
li ili izvršavali tadašnje zakone (čemu bi se suprotstavio svaki pravni
pozitivista) ili i oni koji su ih pripremali, usvojili, „teorijski" i politički
obrazlagali i slična mnogobrojna pitanja? Postoji opasnost, ako se
prethodno ima u vidu, da se lustracija ne pretvori u jednu vrstu posle-
ratnih „narodnih sudova" koji su na brzinu i *ad hoc* formirani i koji su

---

[49] Istini za volju, među pristalicama lustracije ima i jedan broj retkih, čestitih
(bivših) sudija koji smatraju da bi se na taj način mogli rešiti mnogi unutrašnji prob-
lemi u sudstvu (ideološko opredeljenje sudija, nerad, korupcija i slično).

„zasedali" u nekoj kafani ili trgu među kojima su bili i „sudovi časti", čiji je osnovni zadatak bio da se sudi za prestupe protiv „srpske nacionalne časti". Slični sudovi nisu postojali u drugim delovima Jugoslavije.[50] Sudije su tada bili komunisti a sada na to pretenduju komunistički kadrovi iz sedamdesetih godina,[51] kada je za vreme njihove neprikosnovene vlasti u Srbiji najviše zabranjeno knjiga, filmova, pozorišnih predstava i drugih proizvoda umetničkog i naučnog stvaralaštva i kada su ljudi bez prava odbrane premeštani na niža radna mesta, oterivani s posla ili im oduzimani pasoši zbog drugačijeg mišljenja.[52] Neke su osudili i poslali u zatvor. Njima su se, naravno, zdušno pridružili i petooktobarski novorevolucionari („montanjari"). Isti oni koji su bili formirali krizne štabove koji su s oružjem zauzimali privredna preduzeća i institucije društva. U poslednje vreme najžešći pristalice lustracije su pristalice „šestog oktobra" ili takozvane „druge Srbije". Preciznije rečeno, lustracije se u našim uslovima mogu lako pretvoriti, čemu nas uči bogato istorijsko iskustvo, u odstrel političkih neistomišljenika i nezavisnih pojedinaca[53] ili njihovo uterivanje u naručje stranaka na vlasti. Slično je s povremenom pretnjom opštim reizborom sudija (stalnost sudske funkcije je jedan od garanta njihove nezavisnosti).

---

[50] Николић, К., 2002, „О црвеном терору у Србији после Другог светског рата", *Историја 20. века*, год. 20, бр. 2, стр. 219-226.

[51] Mnogi od njh su gubitnici na jednom partijskom (komunističkom) plenumu (osma sednica SK Srbije). Na osnovu njihove ranije i kasnije političke delatnosti možemo pretpostaviti da su pobedili (na tom plenumu) i dočepali se vlasti, njihova ideološka ostrašćenost ne bi se bitno promenila. Ključni je problem što nije došlo do odlaska i jednih i drugih sa političke scene Srbije.

[52] Arsić Ivkov, M., 2003, *Krivična estetika*, „Aurora"- CUPS, Novi Sad – Beograd, str. 127-131.

[53] Nezavisni pojedinci, kod ovih bivših komunističkih partijskih kadrova, a sada boraca za slobodu i proevropske integracije i vrednosti i ostale mantre (a u suštini klasičnih konvertita) izazivaju najviše podozrenje, budući da su im tu prisutni kao svedoci njihovih jučerašnjih „dela" i predstavljaju im neku vrstu „moralne" more.

Medijski pritisak. Na legitimitet i poverenje u sud (a samim tim i u pravosuđe), takođe, utiču i štampani i elektronski mediji, odnosno njihov pritisak na pravosuđe. U potrazi za „temom", senzacijom, ličnom promocijom u javnosti ili iz svojih ili tuđih (uvezenih) političkih nazora, ili političkih i ekonomskih interesa, u odsustvu ličnog poštenja ili profesionalne etike svojim (najčešće neodgovornim ili naručenim) pisanjem ili govorom vrše pritisak na pravosuđe. U ne tako retkim slučajevima, oni prejudiciraju krivicu (čemu smo svakodnevni svedoci), odnosno „osuđuju", ili „oslobađaju" od krivice, pre suđenja, tokom suđenja ili neposredno pre izricanja presude. Posle medijskih „presuda" ili, pak, „oslobađanja", od strane jednog dela novinarskih „eksperata", ili jednog dela na taj način stvorene javnosti (ispravne ili iskrivljene), svaka odluka suda, ma kakva ona bila, nema neophodan pravni autoritet, ili je taj autoritet u najboljem slučaju okrnjen, budući da se u javnosti stiče utisak (opravdan ili ne) da je sudska odluka doneta pod njihovim pritiskom. Poseban je problem, što kod nas nije redak slučaj, kada se u „presuđivanju" ili „oslobađanju" uključe aktuelni vršioci vlasti i deo političke elite. U toj situaciji ne možemo znati (u najboljem slučaju ostaje sumnja) da li je sudski postupak izveden na valjan način, odnosno da li je ispoštovana procedura, da li je sudska odluka doneta na osnovu valjanih argumenata i pozitivnog prava i na kraju da li je pravedna ili ne. Na taj način, u uzburkanoj političkoj sceni sa nestabilnim institucijama sistema, krnji se autoritet suda, što snižava njegov ugled i poverenje u njega. Slična je situacija i kad je reč o tužilaštvu. Svi navedeni pritisci na sud mogu se odnositi i na tužilaštvo. Jednom reči i na kompletno pravosuđe. To, u sledećem koraku, negativno utiče na poverenje i u ostale vidove vlasti (zakonodavnu i izvršnu).

Ne treba mimoići ni politizaciju pojedinih teških slučajeva (koji mogu imati političku pozadinu unutrašnju ili inostranu) u kojoj učestvuju gotovo svi počev od političke elite, preko medija i stručne javnosti do „običnih" građana. (Jedan od takvih slučajeva, čiji smo svakodnevni svedoci, svakako su suđenja ubicama premijera Srbije, „Ibarska magistrala", zatim suđenja u Hagu i slično.) Ti procesi dodatno utiču na destabilizaciju države i društva i stvaraju ili produbljuju i polarizuju postojeće društvene rascepe. Osnovni motiv „komentatora" tih suđenja najčešće nije iz domena prava i pravičnosti već je, pre svega, reč o odbrani ili „legalizaciji" sopstvenih stečenih društvenih (političkih, ekonomskih ili javnih) pozicija. Zato se podižu tenzije i često podgrejava „navijačka" klima, a prosuđivanje da li su sudske odluke pravedne ili ne – unapred se donose. S tim da su one neretko izvan logike prava i iznetih činjenica. Tim činjenjem, bez obzira da li su ti komentari opravdani ili ne, stvaraju u javnom mnjenju sliku o njihovom pritisku na pravosuđe.

Samostalnost i efikasnost rada tužilaštva. Jedan od sledeći problem pravosuđa time i poverenja u njega jeste samostalnost i efikasnost rada tužilaštva. Budući da tužilaštvo vrši pripreme za sud postaje moćna poluga izvršne vlasti. Zbog toga nema političke stranke koja se ne bori za njegovu kontrolu. Pored toga, svaka vlast teži da mu ograniči samostalnost. (Verovatno je zato Zakon o javnom tužilaštvu iz 2001. godine doživeo za pet godina pet izmena i dopuna.[54]) Zatim, tužilaštvo na direktan i indirektan način utiče i na poverenje u sudove, jer se sudstvo zajedno sa tužilaštvom u javnom mnjenju najčešće percipira kao jedinstven sistem. Pored njegovog objektivnog činjenja i nečinjenja,[55] na to poverenje utiče takođe, i (zamišljeni ili stvarni) pritisak na njega. Taj pritisak je najčešće dvostruk, da ne dođe do procesuiranja za kršenje prava, iako je ono evidentno i da se procesuira određeno činjenje,[56] motivisano političkim razlozima (bez obzira da li je reč o strankama na vlasti ili u opoziciji), koje ne podleže sankcijama ili su dokazi za to činjenje nedovoljni. Pored toga, na poverenje utiču njegove pogrešne procene i odluke, posebno u

---

[54] Грубач, М., 2006, „Путеви и странпутице реформе јавног тужилаштва у Србији", *Архив за правне и друштвене науке*, год. XCIII, бр. 3-4, стр. 1273-1300.

[55] Karakterističan primer nečinjenja tužilaštva, verovatno i policije, jeste u činjenici da i pored oko sto pedeset prijava protiv „zemunskog klana" nije došlo do podizanja optužnice protiv njih, sve do tragičnog ubistva predsednika Vlade Republike Srbije 12. februara 1993. godine.

[56] Ćirić, J. i dr., 2006, *Javni tužioci i njihova uloga u uspostavljanju vladavine prava*, Centar za mir i razvoj demokratije, Beograd, str. 7 - 49.

slučajevima koji dopru do šire javnosti ili postaju predmet svakodnevne „javne" rasprave.

Efikasnost rada policije. Na kraju analize spoljnih činilaca koji utiču na poverenje u pravosuđe jeste policija, budući da je ona jedna od (važnih) karika vlasti. Bez kvalitetno obavljenog posla s njene strane, odnosno kvalitetno i nepristrasno obavljene i u razumnom roku prezentirane istrage (dok se istraga ne izmesti u nadležnost tužioca),[57] tužilaštvo ne može, i pored krivične prijave, na kvalitetan način, sa nespornim dokazima da procesuira učinjeno delo. Nije redak slučaj da se i pored nedovoljno dokaza, pod pritiskom javnosti ili medija, delo nađe pred sudom. U tom slučaju njegove odluke, ma kakve bile, podložne su javnoj kritici. To negativno utiče na poverenje u tužilaštvo, a u sledećem koraku, po principu spojenih sudova, na pravosuđe i njegov legitimitet.

Imajući rečeno u vidu, uviđam da je sudstvo a zatim i pravosuđe izloženo pritiscima sa svih strana. Ono se ogleda u nekoliko činjenica.

Prvo, nasleđeno ili „stečeno pravo" političke elite, kako stare tako i novokompovane (koja se gotovo svakodnevno zaklinje u nezavisnost sudstva), da ga stavi pod svoju kontrolu, odnosno da se meša u sudske odluke i da na njega vrši pritisak koji može poprimiti razne vidove.

Drugi je problem u dubokoj „ideološkoj" rascepljenosti srpskog društva na „prvu" i „drugu" Srbiju, na čemu insistirajaju razni novorevolucinari, „reformatori" i slično. Te podele utiču da se mnoge presude i sudski procesi komentarišu i procenjuju sa tog, pre svega, ideološkog stanovišta, što među sudijama, kao uostalom i među građanima, stvara nesigurnost i konfuziju.

---

[57] Poznato je da je rasvetljavanje krivičnih dela, samim tim i korupcije đavolski težak posao. Tako na primer, u Sjedinjenim Državama, tehnički i ljudski za taj posao najopremljenijoj zemlji, u 2001. godini rasvetljeno je svega 62,4% ubistava, 56,1% teških telesnih povreda, 44,3% silovanja i 25% razbojništava (Ignjatović, D., 2007, *Kriminologija,* Dosije, Beograd, str. 134). Za korupciju i mnoge druge oblike kršenja prava, zbog velike „tamne brojke" nema ni približno pouzdanih podataka.

I treće, zbog svih ovih razloga ketmansko ponašanje sudija, odnosno autocenzura i njihovo prilagođavanje stanovištima i mišljenjima aktuelnih vršilaca vlasti ili pak onim koji mogu sutra zasesti na njihovo mesto (opozicionim strankama), zbog čestih promena vlasti a u odsustvu stalnosti sudijske funkcije, ne može biti nikakvo iznenađenje. Na taj način se ova (sudska), najslabija, kako bi Monteskje rekao, od sve tri grane vlasti,[58] još više krnji čime se urušava sam princip podele vlasti.

* * *

Sledeći set problema je *unutrašnje* prirode kako u pravosudnom sistemu, tako i u samim (pojedinačnim) sudovima. (Problem unutrašnjih nesaglasnosti u pravu kao sistemu pravnih normi, što je karakteristika svih pravnih sistema, koji utiče na kršenje prava, samim tim na posredan način i na legitimitet pravosuđa, koja ima karakter i spoljnih i unutrašnjih činilaca, raspravili smo na drugom mestu.[59]) Poverenje u sudstvo (kao i kad je reč o vlasti), kao što smo istakli, zavisi od mnogo faktora. Jedan od ključnih je svakako kompetentnost, nepristrasnost i stepen njegove uspešnosti, a koji može presudno uticati na celokupne političke i ekonomske odnose u društvu, a samim tim i na dobrobit članova društvene zajednice. Njegovu uspešnost možemo procenjivati, o čemu će kasnije biti više reči, na osnovu njegovih postupaka u praksi, odnosno od procene njegove pravednosti, poštenja, brzine, dostupnosti, pouzdanosti i sposobnosti pri donošenju i sprovođenju konkretnih sudskih odluka.

Kompetentnost, odnosno *nekompetentnost* sudija jedna je od ključnih stavki njihovog poverenja, odnosno nepoverenja. Preceznije rečeno, kompetentnost sudija i poverenje u njih stoje u pozitivnoj korelaciji. Naime ukoliko građani i privredni subjekti procenjuju, na osnovu

---

[58] Monteskje, *O duhu zakona*, XI. 6. Zatim: Nojman, F., 2002, *Vladavina prava*, „Filip Višnjić“, Beograd, str. 263. i Kožev, A., 1984, *Fenomenologija prava*, Nolit, Beograd, str.160.

[59] Vuković, S., 2005, *Pravo moral i korupcija*, „Filip Višnjić“ - IDN, Beograd.

iskustva, da su sudije kompetentne to će imati veće poverenje u njih i obrnuto.

Na poverenje u pravosuđe utiče i kako sudovi (i sudije) *sprovode propisanu kaznenu politiku*. Preciznije rečeno, koliko se od strane sudova (i sudija) poštuju propisane pravne norme pri donošenju odluke suda o obliku i veličini sankcije, odnosno presude za kršenje prava. Na osnovu toga kako sudovi sprovode tu kaznenu politiku može se videti kakav je odnos između prijavljenih i osuđenih punoletnih lica. Tako, na primer, u 2003. godini za krivična dela protiv javnog reda i pravnog saobraćaja u Srbiji osuđeno je 88,2% prijavljenih, za kririvična dela protiv bezbednosti javnog saobraćaja 83,95, za krivična dela protiv života i tela 72,9%, za krivična dela protiv privrede 50,3%, za krivična dela protiv slobode i prava čoveka i građanina 40,7%, za kriviććna dela protiv službene dužnosti 18,5% , za krivična dela protiv imovine 17,6% i za ostala krivična dela iz posebnih zakona 56,2% prijavljenih.[60] Na osnovu izloženih podataka sudske statistike može se videti da je sudstvo najblaže (ili je reč o najtežem dokazivanju) kad su u pitanju krivična dela protiv imovine i službene dužnosti, i najstrožije kad je reč o krivičnim delima protiv javnog reda i pravnog saobraćaja, odnosno o zaštiti države i njenih javnih službenika i takođe za krivična dela protiv bezbednosti javnog saobraćaja. Drugi je problem koliko visina tih kazni odgovara počinjenom delu. Često se može čuti s najvišeg mesta u Ministarstvu pravde a povremeno i u štampi pročitati da sudovi izriču manje kazne od onih zakonom propisanih, pri čemu nije reč o sporadičnim slučajevima već se to čini gotovo po pravilu.[61] Sledeći problem u kaznenoj politici je da posle izvesnog vre-

---

[60] Bilten 433, Zavod za statistiku Republike Srbije, Beograd. Takođe: Ignjatović, Đ., 2007, „Stanje kriminaliteta u Srbiji – analiza statističkih podataka" u: *Stanje kriminaliteta u Srbiji i pravna sredstva reagovanja*, I deo, Beograd, str. 82-119.

[61] Blaga kaznena politika (ili praksa) u sudstvu Srbije bila je kritikovana od strane Ministarstva pravde. Prema sačinjenoj analizi, od strane ministarstva, u protekle dve i po godine (što govori da je politički motivisana) za krivično delo teškog ubistva, za koje je zaprećena minimalna kazna zatvora od 10 godina, u 62 odsto slučajeva izrečene su kazne zatvora, zbog olakšavajućih okolnosti (koje su istim

mena, kada se slučaj zaboravi, sudovi (u višoj instanci) bez nekog čvrstog pravnog razloga naknadno ublažavaju dosuđenu sankciju i obesmišljavaju je. To dodatno nepovoljno utiče na poštovanje prava od strane potencijalnih prekršilaca, i na poverenje u pravosuđe. Time pravosudni sistem gubi jednu od svojih ključnih funkcija – odvraćanje potencijalnih prekršilaca od kršenja prava.

Poznato je da sudovi primenjuju kako zakonske tako i izvanzakonske elemente (ekonomske,[62] moralne, ugleda i slično).[63] Oni su najčešće definisani, standardima u skladu s opštim društvenim ciljevima. Široko prihvaćeni standardi među sudijama (iako je reč o nepreciznim pojmovima), i pored pisanih zakonskih odredbi (često najopštijeg karaktera), treba da obezbeđuju da za isto delo, u istim ili sličnim okolnostima, dosuđena kazna bude približno ista (bez obzira na kojem nivou se sudi, ko sudi i gde se sudi). Ukoliko postoji odsustvo tih standarda ili ako se oni radikalno drugačije tumače, zbog svoje nepreciznosti (ako isključimo zlonamernost, potplaćenost i slično), o čemu svedoče mnogi primeri, a dosuđena kazna različita, takođe nepovoljno utiče na *poverenje* građana i privrednih subjekata u instituciju suda. Uzrok tome je što se sudije, shodno pravnoj praksi, u tim slučajevima pozivaju na vanpravne motive, kao što je opšte društveno

---

zakonom i predviđene), ispod tog minimuma. Drugi primer je krivično delo zaloupotrebe službenog položaja za koje su od 2004. podignute optužnice protiv 512 osoba - 71 je osuđena a u 32,4 odsto slučajeva su izrečene uslovne kazne. (http://www.google.com/search?hl=en&q=Kaznena+politika&btnG=Google+Searc h). Tako formulisana i reklamirana analiza, bez konkretnih podataka o kojim je sudovima (i sudijama) reč, bila je pre u funkciji stavljanja sudstva pod političku kontrolu nego mera za poboljšanje njegovog rada i pooštravanja kaznene politike koja, između ostalog, zahteva pažljivu reformu pravosuđa a zatim i donošenje konzistentnih zakona.

[62] Primera ima više. Navešćemo jedan karakterističan. Učestale krađe telefonskih kablova, radi prodaje bakra na otpadu, o čemu štampa gotovo svakodnevno piše. Sudovi oslobađaju krivice kradljivce kablova obrazlažući to njihovom teškom materijalnom situcijom (što je verovatno tačno) iako je direktna šteta od te krađe na desetine puta veća od vrednosti ukradenog kabla, o indirektnoj šteti (prekidu telefonskih veza do opravke) teško je govoriti.

[63] Raz, Dž., 2005, *Etika u javnom domenu*, str. 226.

stanje – koje sugeriše da se uključi pitanje da li je sankcija primerena (teškoj) društvenoj stvarnosti i slično. To društveno stanje može se tumačiti (i tumači se) na potpuno suprotne načine, iz čega mogu proizaći i različiti razlozi za procenu težine učinjenog dela a shodno tome i različite sudske odluke. Zatim, u sudsku odluku se, opet s pravom, uključuju moralni razlozi. Tu se postavljaju najmanje dva problema: s jedne strane, zbog različitog shvatanja morala, a jedno od njih je, na primer, moralni relativizam, odnosno, najednostavnije rečeno, moral je individualna stvar i što je za jednog moralno za drugog može biti nemoralno, i s druge, u situaciji rastočenosti vrednosnog sistema i opšte moralne krize i konfuzije ovi razlozi, takođe, mogu izazvati potpuno oprečna tumačenja (moralna opravdanja ili osude), iz čega naravno mogu proisteći različite ili čak oprečne sudske odluke. Sve to izaziva opštu konfuziju (sličnu onoj u kojoj se nalazi celo društvo), jer se pravo ne može posmatrati izvan šireg društvenog i političkog konteksta i zato sudstvo, pa samim tim i pravosuđe za to stanje snosi samo deo odgovornosti. (S tim da se ne zalažemo, da otklonimo moguće nesporazume, da ovi razlozi ne treba da budu od strane sudije uključeni u proceni težine dela – već samo ukazujemo na problem, njegovu moguću i evidentnu zloupotrebu i koliko oni utiču na legitimnost pravosuđa koja je vrlo niska.)

Sledeći problem predstavljaju diskreciona ovlašćenja sudija. (Bez njih bi, što je inače poznato, pravni sistem bio krut i nefleksibilan i lako bi se mogao pretvoriti u svoju suprotnost – pravnu diktaturu.) Pripremu i samo vođenje procesa, koje sudijama daje veliku moć, teško je kontrolisati. Bez obzira što je poznato da pojam diskrecionih prava ili ovlašćenja može biti široko definisan i različito shvaćen zavisno od teorijskog stanovišta i shvatanja prava, ona se, ipak, ne mogu kretati izvan utvrđenih standarda o razumnosti i pravičnosti (koji su takođe neprecizni pojmovi) i da na njih ne utiču standardi posebne vrste (politička, verska, rasna pripadnost i slično).[64] U situaciji u kojoj su kazneni rasponi za kršenje zakona najčešće postavljeni i suviše široko (na primer od jedne do deset godina) proističe da se zbog toga oni raz-

---

[64] Dvorkin, R., 2001, *Suština individualnih prava*, CID, Podgorica, str. 55-64.

ličito tumačie – odakle mogu proisteći i različite sudske odluke. Sud treba da se, ipak, kreće koliko je to moguće u okviru propisane norme. Diskreciona ovlašćenja dolaze do izražaja prilikom utvrđivanja težine dela, a samim tim i visine kazne. Ona posebno, takođe, mogu doći do izražaja u rešavanju proceduralnih pitanja, u vezi predloga stranaka na sudu, imenovanju izvršioca kod stečaja (što je u našoj situaciji, kao i u svim društvima u tranziciji, posebno aktuelno[65]), način i vreme uvođenja u spor sudskog veštaka, njegov izbor i slično. Poznato je da proceduralna ovlašćenja nisu poznata unapred, drugačije se tumače od strane svakog pojedinca, podležna su predubeđenju (na primer političkom), pristrasnosti (na primer: rasnoj, verskoj, nacionalnoj, porodičnoj i slično) ili moralnoj delikvenciji (na primer izdaji, služenju svesno ili nesvesno tuđim interesima ili korupciji). Kod njih nema reda i u najvećoj meri zavise od volje pojedinca.[66] Zato su podložna zloupotrebama.

Uzrok različitom postupanju sudova u istim ili sličnim situacijama možemo tražiti i u činjenju zakonodavne vlasti (a to spada u spoljna i unutrašnja ograničenja): prvo, čestim promenama sadržaja zakonskih normi, kad se nosioci sudskih funkcija u poplavi čestih zakonskih rešenja a u osudstvu specijalizacije (zbog težnje svake lokalne samouprave da ima sopstveni sud[67]) često teško snalaze, drugo, nejasnoće zakona (namerno ili nenamerno loše napisanih), i treće, u sukobu između pojedinih zakona ili delova zakona koji regulišu sličnu ili istu materiju (nekonzistentnost zakona), što, takođe, utiče na poverenje i urušava stvorena očekivanja, zatim nejasnosti zakona ili njegovoj neprilagođenosti aktuelnoj društvenoj stvarnosti (spolja nametnuti zakoni) i slično.

---

[65] Što se može videti po obimu i zahvatu optužnice za takozvanu „stečajnu mafiju", a što je, najverovatnije, samo vrh ledenog brega.

[66] Vidi: Paund, R., 2000, *Jurisprudencija*, knj. I, Službeni list SRJ – CID, Beograd – Podgorica, str. 475-476.

[67] Težnja da svaka opština u Srbiji ima svoj osnovni sud krije se u činjenici da lokalni moćnici mogu uticati na njegove odluke.

Sledeći razlozi koji, takođe, mogu da utiču na nepoverenje u sudstvo su: prvo, nedovoljan autoritet viših sudskih instanci nad nižim i drugo, nedovoljne stručne, vertikalne i horizontalne, komunikacije između sudova. Tačnije rečeno, arbitrarno sprovođenje kaznene politike, koja se bitno razlikuje od jednog do drugog suda, odnosno odsustvo usaglašene kaznene politike za razna krivična dela na nivou cele države. U odsustvu ova dva principa dolazi do neujednačenih presuda, odnosno do bitno različitog postupanja u istim ili sličnim situacijama.

Navedene činjenice dodatno utiču na urušavanje vrednosnog sistema društva. One utiču na nesnalaženje pojedinaca, odnosno indukuju opštu konfuziju u društvu i u pravosuđu. Sve to zajedno povećava nepoverenje u sudstvo, a samim tim umanjuje njegov društveni ugled i legitimitet. Na taj način se narušava jedan od osnovnih principa, na kome se zasniva svaka vlast, pa i sudska, koja pretenduje na legitimnost, na ispravno postupanje, a posebno na to kako građani njeno svakodnevno postupanje percipiraju i procenjuju.

Na legitimitet suda utiče činjenje i nečinjenje njegovih predstavnika, pre svega sudija a zatim i ostalih zaposlenih u sudu. Jedan od primera urušavanja legitimiteta suda jeste kada sud u konkretnom slučaju traži mišljenje Ministarstva pravde da bi na osnovu njega doneo odluku. Time se sudska vlast dobrovoljno odriče samostalnosti u odnosu na izvršnu vlast.[68] Na legitimnost pravosuđa takođe utiče i činjenje onih koji su s njim u bliskoj vezi i mogu, direktno ili indirektno, uticati na odluke suda (advokata, veštaka i slično). Među ta činjenja spadaju: namerno ili nenamerno pravljenje grešaka u proceduri, neobjektivno vođenje procesa, „gubljenje" ili zaturanje dokumenata, antidatiranje podnesaka, onemogućavanje strankama uvid u dokumenta, neblagovremeno dostavljanje sudskih dokumenata i zapisnika, nepotrebno odugovlačenje suđenja, ekspresno ubrzanje procesa (ima situacija kad to više odgovara jednoj stranci nego drugoj), odlaganje pri-

---

[68] Slučaj pilota Emira Šišića. Okružni sud u Novom Sadu traži mišljenje (kako da postupi) od Ministarstva pravde. Pored toga, sud kontaktira sa izvršnom vlašću strane države, suprotno Ustavu i Krivičnom zakoniku, čime je povredio dostojanstvo suda i dostojanstvo i suverenitet Republike Srbije. Vidi: С Луковић, „Суд на поправном", „НИН", 22. новембар 2007.

nudnog izvršenja i slično.[69] Svi nabrojani činioci, u većoj ili manjoj meri, mogu uticati na tok suđenja i na konačnu sudsku odluku.

Na legitimnost sudstva utiče nečinjenje ili upletenost u finansijske, kriminalne ili korupcionaške afere njegovih delatnika,[70] bez obzira da li su zasnovane na neoborivim činjenicama ili su, što nije redak slučaj, iskonstruisane (da ne prejudiciramo konačne sudske odluke). One su najčešće napravile, bez obzira kakva će biti konačna odluka suda, nepopravljivu štetu po ugled i legitimitet suda (a samim tim i pravosuđa), jer je javnost stekla određeno mišljenje zasnovano na (krajnje) parcijalnom uvidu u činjenice. To mišljenje je najčešće jednostrano ili je podeljeno. Jedan od problema koji takođe utiče na stvaranje (najčešće negativne) slike o sudstvu je neodazivanje na poziv suda, odnosno neuručivanje (zbog raznih razloga) poziva suda optuženom, stranci u sporu ili svedoku.[71]

Odugovlačenje procesa (kada do presude a često i nakon njenog izricanja ne znamo o čemu je na početku bilo reč), često poništavanje presuda (zbog proceduralnih i drugih propusta) i vraćanje na ponovno suđenje i tako u nedogled, i drugi manje-više slični činioci zbog kojih dolazi do zastarevanja presuda,[72] smanjuju efikasnost sudova, a samim tim krnje ugled pravosuđa. Za odugovlačenje procesa „krivi-

---

[69] Opširnije vidi: Вуковић, С., 2005, *Право, морал и корупција*, стр. 76-88.

[70] Poznata je korupcionaška afera „stečajna mafija" u kojoj je, prema optužnici (bez obzira kako će se okončati), saučesnik presednik i jedan sudija Trgovinskog suda u Beogradu, i druga afera u kojoj je akter, takođe prema optužnici, sudija Vrhovnog suda Srbije. Zanimljivo je napomenuti da je kazna sudiji Vrhovnog suda srbije od strane tog istog suda umanjena s obrazloženjem da do tada, između ostalog, nije kažnjavan. Vidi: http://arhiva.glasjavnosti.co.yu/arhi-va/2007/06/29/srpski/H07062803.shtml

[71] Štampa nas često izveštava da pojedine javne ličnosti (pre svega političke) na razne načine izbegavaju da se pojave na sudu a neretko to i bahato odbijaju. To govori da je, kad je reč o javnim ličnostima, o svojevrsnom vidu političkom pritisku na pravosuđe. Kad je reč o „običnim" (smrtnim) ljudima najčešće je reč o raznim vezama i vezicama ili korupciji sudskih pozivara.

[72] Za dve i po godine, prema analizi Ministarstva pravde, zastarelo je 518 presuda. http://www.google.com/search?hl=en&q=Kaznena+politika&btnG=Google+Search

cu" snose i pojedina zakonska rešenja (namerno ili nenamerno tako skrojena) koja veštim braniocima, ne izlazeći iz delokruga procesnih prava, omogućavaju da sudski proces odugovlače do „beskonačnosti" (što je legitimno). Ali, to ne stvara lošu sliku samo o zakonodavcu već, pre svega, o sudu, odnosno celokupnom pravosuđu. Šteta je napravljena i ako zakonodavna vlast može, što se povremeno i čini, da „pere ruke" izjavom: „To je donela neka druga (ranija) vlast."

Jedan od problema koji se, u poslednje vreme odomaćio u savremenoj sudskoj praksi u Srbiji jeste objavljivanje presuda suda preko medija pre nego što se uruče strankama u sporu.[73] To se čini iz dva razloga: prvi, udovoljavanje zainteresovanoj strani zbog nečijih interesa, i drugo, kako bi se uz pomoć javnog mnjenja sudska odluka osnažila ili, pak, kako bi se „sumnjivoj" sudskoj odluci u javnom mnjenju pribavio „legitimitet". Pri tom se najčešće ne shvata da se tim postupcima stvara jedna vrsta „zavisnosti" suda od medija, čime se krnji ugled ne samo tog konkretnog suda već celokupnog pravosudnog sistema.

Ako pođemo od činjenice da legitimitet jedne vlasti, samim tim i pravosudne, zavisi od stepena njene uspešnosti, to znači da će građani i ekonomski subjekti, na osnovu ukupnog skupa nabrojanih empirijskih saznanja (svojih i tuđih), kasnije i procenjivati delatnost te vlasti, njenog pravosuđa, odnosno davati sud o njegovoj pravednosti i nepristrasnosti i, na kraju, procenjivati njegov legitimitet, od čega će u krajnjoj istanci zavisiti i poverenje u njega.

* * *

Procene pravosuđa od strane građana i ekonomskih subjekata, imajući prethodno rečeno u vidu, do sada su bile pretežno nepovoljne. Ne zaključujemo da li su one opravdane ili ne. Empirijski podaci su neumoljivi. Zato smo pokušali da iznesemo jedan *ograničen* broj problema na kojima se one zasnivaju. To znači da građani i ekonomski subjekti ne percipiraju pravosuđe kao pravedno, pošteno, pouzdano, sposobno, brzo i dostupno. Po-

---

[73] М. Петрић, „Врховни суд уважио тужбу БК ТВ", „Политика", 6. јун 2006.

red toga pravosuđe čije su odluke obavezujuće, u tom slučaju da se percipira kao nešto nepravedno, reprodukuje već stečenu (ili izaziva novu) nesigurnost kod ekonomskih subjekata i pripadnika društvene zajednice, pošto usled toga oni ne mogu da planiraju svoje buduće poteze i da predvide (procene) odgovor okruženja na njih. Pravosuđe se, u tom slučaju, percipira da selektivno primenjuje zakon, tako da se njegova efikasnost procenjuje u onoj meri u kojoj je ili prinuđeno na to ili koliko je potrebno da opravda svoje postojanje, odnosno novčana primanja zaposlenih. Tu se krije jedan od razloga zašto gotovo sva empirijska istraživanja ukazuju na to da je pravosudni sistem Srbije već duže vreme suočen s ozbiljnom krizom poverenja.[74] Ta kriza poverenja je, najkraće rečeno, posledica pritisaka na pravosuđe, koji su, kao što smo videli, višestruki, zatim unutrašnjih nesaglasnosti u pravu, dejstvovanja zakonodavne vlasti i, na kraju, njegovog dugogodišnjeg činjenja i nečinjenja. U skladu s prethodno izloženom tezom možemo konstatovati da je ugled pravosuđa u očima građana Srbije znatno okrnjen.

Korupcija u pravosuđu

Sledeći problem je raširenost korupcije u pravosuđu, budući da je pravosuđe jedna od ključnih ustanova vladavine prava i tržišne ekonomije (garant privatne svojine i ugovora). Zbog toga, korupcija u pravosuđu narušava oba ova principa – čime razara, kao ni u jedenoj drugoj instituciji društva, pravni i politički sistem države i društva. Ona je pored opštih društvenih uslova, odnosno stanja u društvu, u direktnoj korelaciji s korupcijom u celom društvu i s kvalitetom i efikasnošću pravosuđa. Ili, obrnuto: kvalitet i efikasnost pravosuđa u velikoj meri zavisi od toga koliko je raširena korupcija u njemu. Zato je naš zadatak da vidimo šta se na ovom polju dešava u pravosudnom sistemu Srbije. Korupcija u pravosuđu može biti u parničnom i krivičnom postupku, odnosno donošenje presude u korist koruptora, bez obzira da li je reč o donošenju pozitivne (oslobađajuće) presude ili, pak, ublažavanje kazne, odštetnog zahteva, ubrzanja ili odugovlačenja procesa ili izricanja presude, zastarevanja predmeta spora, paktiranje s vlašću ili delovima vlasti radi lične koristi, odnosno privilegija (stan,

---

[74] Вуковић, С., 2003, *Коруйција и владавина йрава*, ИДН – Драганић, Београд. Такође: *Коруйција у йравосуђу*, 2004, ЦЛДС, Београд.

automobil, napredovanje na poslu, premeštaj) i slično. Korupcija u pravosuđu može biti, kao uostalom i u celom društvu, za ostvarivanje prava (na primer, odugovlačenje ili ubrzanje procesa), kršenje prava (na primer odbacivanje tužbe u tužilaštvu, kršenje procedure tokom sudskog procesa, ublažavanje kazne, odugovlačenje do zastarevanja i slično) i menjanja prava (čak u izvesnoj ali ne u značajnoj meri i u kontinentalnom pravu u kojem sudovi nisu izvor prava, budući da se sudije pri odmeravanju visine kazne /ublažavanje/ mogu pozvati na sudsku praksu koja može biti zasnovana na ranijim odlukama sudova pomoću korupcije).

Gotovo sva dosadašnja istraživanja javnog mnjenja nedvosmisleno pokazuju da je slika pravosuđa u očima građana i ekonomskih subjekata dosta nepovoljna. To se može videti iz priloženih rezultata istraživanja (tabela 2). Ta je slika, s izvesnim oscilacijama, već duže vreme konstantna, kao što istraživanje percepcije njegove potkupljivosti pokazuje približno iste rezultate. Primećuje se neznatno povećanje poverenja 2000., 2001. i 2002. godine, da bi se kasnije vratilo na pređašnje vrednosti. Oscilacije u stavovima ispitanika, pored razlika koje potiču iz uzorka, mogu biti posledica očekivanja građana (da će ono biti pravednije, poštenije i ekspeditivnije) posle političkih promena 2000. godine i trenutnih odluka suda (sudova), naročito onih koji su pod lupom javnosti.

Tabela 2. Ocena sudskog sistema; sudstvo je: (Indeksi 1-5)[75]

	Pravedno	Pošteno	Brzo	Dostupno	Pouzdano	Sposobno
Javno mnjenje 2001.	3,59	3,72	3,96	3,57	3,81	3,56
Privatni preduzetnici 2001.	3,60	3,79	4,10	3,51	3,80	3,56
Preduzet. društvenih preduzeća 2002	3,19	3,64	3,97	2,63	3,52	3,23
Preduzet. priv. pred. 2002.	3,26	3,34	4,04	3,40	3,66	3,57
Preduzetn. društ.,meš. i privatnih preduzeća 2004.	3,13	3,20	3,85	2,86	3,27	3,17
Privatni preduzetnici 2006.	3,48	3,62	3,95	3,18	3,57	3,31

[75] Gde vrednost 1 znači pravedno, pošteno, ..., a vrednost 5 nepravedno, nepošteno.

Uporedimo li podatke za 2001. i 2006. godinu vidimo da je pravosuđe za ovih pet godina postalo u izvesnoj meri pravednije (nepristrasno), poštenije i bez korupcije, brže, dostupnije, pouzdanije i sposobnije da sprovede svoje odluke (indeksi su nešto niži). Naravno, te promene nisu značajne, ali mogu da budu ohrabrujuće. To govori da se pravosuđe sporo, ali ipak prilagođava savremenim tendencijama i svom osnovnom zadatku, da bude pouzdan i nepristrastan arbitar u svakom sporu, bez obzira ko su stranke u njemu. Jedan od ključnih uzroka koji sprečavaju obnovu poverenja u pravosudni sistem Srbije su razne afere koje ga s vremena na vreme potresaju.

Odnos između pravnog sistema i ekonomskih subjekata pun je raznih protivurečnosti koje izlaze iz okvira ovog razmatranja. Ali, u krajnjoj istanci, ono što je za ekonomske subjekte najvažnije jeste pravna sigurnost ugovora i nepristrasnost sudstva u eventualnim sporovima. Od procene te sigurnosti i nepristrasnosti zavisiće njihov sud o pravosuđu, a samim tim i sudstvu. I pored prethodno izloženih podataka da ekonomski subjekti na sudstvo gledaju u nešto boljem svetlu, sledeći podaci to relativizuju. Naime, rezultati naših istraživanja iz 2001. godine, pokazuju da su građani i ekonomski subjekti od nove, demokratske vlasti, očekivali korenite promene na svim nivoima, a među njima su svakako i promene u pravosudnom sistemu (u smislu njegove veće efikasnosti, poštenja, nepristrasnosti i pouzdanosti). Ali, taj nalaz nije bio u korespodenciji s njihovim, tadašnjim izjavama o njegovoj korumpiranosti.

To nam govore sledeći uporedni podaci. Gotovo dve trećine (65%) ekonomskih subjekata 2001. godine smatralo je da bi tada (posle političkih promena) pravni sistem zemlje *podržao* na nepristrastan način („u potpunosti", „u većini slučajeva" i „mogao bi se složiti") njihov ugovor i pravo na imovinu u poslovnim sporovima, iako su tada izjavljivali (na drugo pitanje u istom upitniku) da je sudstvo jedna od najkorumpiranijih institucija u Srbiji, što znači da mu se ne može verovati. Nasuprot ovome, nešto više od petine (22%) tada je izjavljivalo da ih pravni sistem zemlje *ne bi podržao* („nikako", „u većini slučajeva" i „ne bih se mogao složiti").

Tabela 3 Ocena sudskog sistema 2006. godine; sudstvo je:

	Uvek	Često	Ponekad	Retko	Nikada	Ne zna/b.o.	Indeks
Fer i nepristrasno	2,3	12,6	28,6	32,2	14,3	10,0	3,48
Pošteno i bez korupcije	1,7	9,3	25,6	36,2	17,3	10,0	3,62
Brzo	0,7	7,3	19,6	32,9	31,6	7,9	3,95
Dostupno svakom	8,6	16,3	24,3	30,2	10,0	10,6	3,18
Pouzdano	2,3	9,0	28,6	35,2	14,6	10,3	3,57
Sposobno da sprovede odluke	4,7	14,0	30,2	29,6	10.6	11,0	3,31

Pet godina kasnije dolazi do „hlađenja" preduzetnika,[76] odnosno do manjeg nesklada između njihovih očekivanja od sudskog sistema i njihove percepcije o njegovoj potkupljivosti (tabela 3). Oni sada u 40% slučajeva izjavljuju da bi pravni sistem nepristrasno podržao (u većoj ili manjoj meri) njihov ugovor i prava na imovinu u poslovnim sporovima (a to je jedan, između ostalih, indikatora poverenja). Nasuprot ovome, više od polovine (52%) ne slaže se s ovom konstatacijom, u većoj ili manjoj meri. To je daleko bliže njihovoj proceni (izrečenoj na drugom mestu, takođe, u ovom istraživanju) o korumpiranosti (privrednih) sudova.

Kada je reč o odnosu preduzetnika prema prošlim vremenima (u istraživanju iz 2001. godine), primera radi, na tada postavljeno pitanje kakva je situacija s podmićivanjem bila pre tri godine, ona je, po njihovom mišljenju, bila još nepovoljnija po sudstvo. Naime, samo 15,3% izjavljuje da bi tada, u većoj ili manjoj meri, imali nepristrasnu podršku pravnog sistema u privrednim sporovima, a gotovo tri četvrtine (73%), takođe, u većoj ili manjoj meri, misli da bi im ta podrška izostala.

Pet godina kasnije (u istraživanju iz 2006) ovaj odnos prema prošlim vremenima (pre pet godina) u velikoj meri je ublažen i doveden

---

[76] Na „hlađenje" preduzetnika u velikoj meri uticali su kasniji postupci nove vlasti na mnogim poljima. Ona je sve vreme nastojala da u potpunosti stavi, po ugledu na prethodnu vlast, pravosuđe pod svoju kontrolu i učini ga poslušnim. Vidi šire: Вуковић, С., 2003. *Коруйција и владавина йрава*, стр.51 – 84.

na pravu meru stvari, jer se s vremenske distance o njima bolje sudi. To znači, oni sada u samo 28% slučajeva izjavljuju da bi tada njihov ugovor i prava na imovinu u poslovnim sporovima, u većoj ili manjoj meri, bio štićen. Nasuprot ovome, da taj ugovor ni tada ne bi bio štićen, izjavljuje 61% ekonomskih subjekata. To je u potpunom skladu s tadašnjim njihovim izjavama i našim istraživačkim saznanjima o korumpiranosti i ugledu pravosuđa dvehiljadite godine.

Prethodna analiza pokazuje koliko politički stavovi mogu imati uticaja na odgovore ispitanika – čak i o tako ozbiljnim pitanjima kao što su kriminal i korupcija. Na drugoj strani, kako vreme prolazi konkretni politički stavovi će manje uticati na odgovore o veličini i obimu korupcije ako ne kad je reč o sadašnjem ono barem kad se govori o prošlim vremenima.

Na kraju, da vidimo šta empirijska istraživanja govore o korupciji u pravosuđu i kolika je njegova „odgovornost" za uzroke i raširenost korupcije u Srbiji.

U našem istraživanju o raširenosti korupcije u sudstvu,[77] gotovo četvrtina (22,9%) ispitanika smatra da je većina sudija i drugih zaposlenih u sudu podmitljivo, nešto više od polovine (51,9%) smatra da je reč o manjini, ostalih 27,3% smatra da nije niko, ne zna ili ne želi da odgovori. Na pitanje kojim se kanalima to čini dobili smo sledeće odgovore (višestruki odgovori): preko advokata 40,9%, preko sudijinih prijatelja i poznanika 35,7%, posredstvom ličnih kontakata 26,8%, preko ljudi iz drugih organa vlasti 23,0%, preko viših sudskih istanci 6,8% i preko drugih sudija 6,8%.

U javnomnjenskom istraživanju iz marta 2006. godine (uzorak 1243 ispitanika) na pitanje: Koji su osnovni uzroci korupcije? (bilo je moguće više odgovora od 11 ponuđenih), za neefikasnost sudskog sistema opredelio se svaki četvrti (25,9%) ispitanik. Na slično pitanje: Koji je najvažniji uzrok korupcije (bio je moguć jedan odgovor od 11 ponuđenih), za neefikasnost pravosudnog sistema opredelilo se 6,4% ispitanika.

---

[77] Istraživanje je obavljeno u aprilu 2004. godine na uzorku od 235 ekonomskih subjekata.

U istom istraživanju, ideks korumpiranosti sudova (meren od 1 do 5) u 2006. u odosu na 2001. godinu smanjen je sa 4,2 na 4,1. Takođe, na postavljeno pitanje: Koliko je korupcija prisutna u pravosuđu? – procenat potvrdnih odgovora bio je 72,5%. S tim da je među građanima postignuta široka saglasnost, odnosno nema statistički relevantnih razlika s obzirom na godine, obrazovanje, socijalno poreklo, zanimanje i materijalno stanje ispitanika. U isto vreme, građani Beograda, za razliku od Vojvodine i centralne Srbije, nešto iznad proseka smatraju da je pravosuđe korumpiranije. Na drugoj strani, u istraživanju iz 2001. godine procenat potvrdnih odgovora bio je nešto veći (75,8%). Građani Srbije, barem na osnovu javnomnjenskih istraživanja (koja moramo uzeti s rezervom – zato višu analitičku vrednost dajemo mišljenjima preduzetnika) sudije i advokate stavljaju među najkorumpiranije profesije. Naime, u istraživanju iz 2001. godine 59,5% daje potvrdan odgovor da su korumpirane, a u istraživanju iz 2006. čak 64,5%. Slična je situacija kad je reč o advokatima. U istraživanju iz 2001. potvrdan odgovor daje 60,3%, a u istraživanju iz 2006. godine 61,3%. Naravno ovakav stepen podmitljivosti sudija nismo ni približno dobili u istraživanju korupcije u pravosuđu.[78] To može biti i razlog česte kampanje, koju smo ranije analizirali,[79] koja se vodi protiv pravosuđa od strane političkih moćnika radi njegovog stavljanja pod potpunu kontrolu.

* * *

Sve u svemu, korumpiranost sudstva, pa samim tim i pravosuđa, po mišljenju preduzetnika i građana nije od juče. Između njih nema bitnih razlika. To znači da je korupcija u pravosuđu ukorenjena i velika (uz sve rezerve na kvalitet empirijskih podataka dobijenih anketnim putem). U tim činjenicama se može, pored unutrašnjih nesaglasnosti u pravu, i raznih spoljnih i unutrašnjih pritisaka (naročito izvršne vlasti, medija i drugih) na pravosuđe, tražiti odgovor zbog čega je ono već duže vreme zapalo u krizu poverenja.

---

[78] Вуковић, С., 2005, *Право, морал и коруйција*, стр. 69 – 110.

[79] Вуковић, С., 2005, *Коруйција и владавина йрава*, стр. 51 – 84.

EFIKASNOST JAVNIH SLUŽBI

Ako pođemo od koncepcije vlasti kao servisa, o čemu postoji široka praktična i teorijska saglasnost, tada je javne službe neophodno posmatrati kao delove te vlasti koje služe na dobrobit članova društvene zajednice. Odnosno, njima je, u ime i za račun društvene zajednice, povereno „čuvanje javnih interesa".[80] Zato se ovde neminovno postavlja pitanje: Kako ekonomski subjekti i građani procenjuju kako se čuvaju ti „javni interesi"? Poznato je da su ti „javni interesi" često različito definisani i najčešće zavise od interesa onih koji ih definišu. Ako, za trenutak, zanemarimo ovu terminološku nejasnoću naš je zadatak da u ovom poglavlju ispitamo i empirijski proverimo „stepen" efikasnosti javnih službi u Srbiji. U isto vreme, efikasnost jednog društva, koja je u uskoj vezi sa stepenom efiksnosti vlasti, možemo meriti na osnovu mnogih činioca a među njima i na osnovu kvaliteta pravne uređenosti, stepena poštovanja zakona (razlika između objavljenih zakona i njihove empirijske primene) i funkcionisanja samih institucija sistema. A javne službe su institucije sistema. Zato je analiza njihovog funkcionisanja ujedno i analiza funkcionisanja države. Kvalitet i efikasnost njihovog rada ujedno je i mera funkcionisanja institucija sistema i političke vlasti.

Pod kvalitetom, za mnoge od njih, pored efikasnosti i blagovremenosti, podrazumeva se poštovanje utvrđenih standarda, nepristrasnosti i eventualne potkupljivosti. Otuda ne iznenađuje što postoji

---

[80] K. Šmit, „Legalnost i legitimnost", u: *Norma i odluka. Karl Šmit i njegovi kritičari*, Beograd, „Filip Višnjić", 2001, str. 309.

znatna pozitivna korelacija između efikasnosti pojedinih službi i njihove potkupljivosti (stvarne ili percipirane). Sledeći problem je u tome što organizovane i uređene institucije obezbeđuju političku stabilnost, to jest, neutrališu, odnosno regulišu neminovne društvene sukobe. Tako shvaćene javne službe su, kako bi se danas reklo, logistička podrška svakom ekonomskom subjektu radi dobrobiti i jednih i drugih. Bez njihove podrške gotovo je nemoguće savremeno poslovanje. One treba da olakšavaju, a ne da otežavaju (što je čest slučaj u nas) preduzetničku aktivnost, odnosno da za nju stvaraju najpovoljnije i transparentne uslove. Pored toga, od kvaliteta usluga javnih službi, u većoj ili manjoj meri, direktno zavisi, pored nivoa i kvaliteta investicione aktivnosti, i konkurentska sposobnost privrede koju one opslužuju. Efikasnije javne službe, s druge strane, donose svakom građaninu ponaosob, pored na vreme obavljenog posla, i neophodnu sigurnost. Ako svega ovoga nema tada javne službe ne pomažu uspostavljanju političke i društvene stabilnosti, otpomažu uspostavljanju povoljnog preduzetničkog okruženja i slično, i na kraju, utiču na povećanje korupcije.

Uporedne rezultate istraživanja, odnosno prosek i rang koji zauzima svaka od ovih službi prema procenama privatnih preduzetnika prikazali smo u tabeli 4.

Izloženi rezultati istraživanja nedvosmisleno pokazuju da privatni preduzetnici krajnje loše ocenjuju kvalitet i efikasnost usluga javnih službi svesni situacije o privatizaciji službenih ovlašćenja od strane javnih službenika, odnosno o izostanku kontrole. Ono što na prvi pogled može da iznenadi jeste da su njihov kvalitet i efikasnost, prema mišljenju preduzetnika, koje pružaju sada (dobijenom u istraživanju iz 2006. godine, u odnosu na rezultate istraživanja iz 2001. godine) znatno nepovoljnije procenjeni. Uporedimo li srednje vrednosti, sada su, za razliku od pre pet godina, gore prošli: održavanje puteva, carina, EPS, zdravstvo, policija, obrazovanje, inspektorske službe, poreska služba, sudska vlast i pravosuđe, lokalna vlast i Narodna skupština. Nasuprot ovome, bolje su nego pre pet godina procenjene sledeće službe: toplane, Telekom, pošta, vodovod i vojska. U poslednjem istraživanju najgore su procenjeni lokalna vlast, poreska služba, sudska vlast i pravosuđe, i Skupština Srbije. Nema statistički značajnih razlika s obzirom na to da li je reč o preduzećima ili radnjama ili, pak, u odnosu na delatnost preduzeća/radnje.

Tabela 4. Ocena kvaliteta efikasnosti usluga[81]

	Godina	
	2001	2006
N	324	298
Carina	4,4	3,5
Održavanje puteva	5,2	2,5
EPS-struja	4,1	3,6
Zdravstvo	4,5	3,2
Toplane	3,7	4,0
Policija	4,2	3,4
Obrazovanje	4,1	3,5
Inspektorska služba	4,3	3,2
Telekom	3,4	4,1
Poreska služba	4,4	3,1
Sudske vlasti i pravosuđe	4,7	2,7
Pošta	3,3	4,0
Narodna banka	3,6	3,6
Vodovod	3,5	3,8
Lokalne vlasti	3,9	3,1
Vojska	3,3	3,5
Narodna skupština	4,5	2,3

Procena građana i ekonomskih subjekata o kvalitetu rada navedenih institucija i službi ujedno govori o poverenju u njih. Ono što je bilo neočekivano, jeste to da je poraslo nepoverenje u većinu javnih službi, nakon pet godina. To se može tumačiti činjenicom da su potrebe građana porasle, pa samim tim, oni strožije procenjuju efikasnost javnih službi, nego što su to činili ranije, odnosno pre pet godina.

---

[81] Prosek (1 – veoma loše, 6 – veoma dobro)

U isto vreme, rezultati istraživanja upućuju nas da imamo sve veće nepoverenje u političku elitu. To se i direktno odražava: prvo, na smanjenje poverenja u institucije sistema i, drugo, manifestuje se povećanjem broja apstinenata na izborima. Jedan od razloga tog nepoverenja u političku elitu možemo tražiti u činjenici da građani češće i jače zahtevaju povećanje životnog standarda, čak i iznad realnih ekonomskih mogućnosti društva. U tome su građane, u svojim predizbornim aktivnostima, nerealno pothranjivale političke stranke. I to, pre svega, kako bi zadobile njihovo poverenje i poboljšale sopstveni izborni rezultat. Kako dolaze koji izbori obećanja stranaka sve su veća i veća. Sledstveno tome rastu i očekivanja građana. Na taj način ulazi se u začarani krug. Poverenje građana, zbog iznevereних očekivanja, opada a stranke da bi na izborima zadobile poverenje građana povećavaju svoja nerealna obećanja.

Poseban je problem učešće pojedinaca iz političke elite u mnogim nelegalnim ili sumnjivim radnjama – o čemu govore mnoge afere koje samo smenjuju jedna drugu i ne vidi im se epilog. To, zatim, dovodi do sveopšte zbunjenosti, konfuzije i utiče na povećanje moralne otpornosti građana na mnoga devijantna ponašanja, a samim tim i otpornosti na kriminal i korupciju.[82] Tome doprinosi i povremeno nejasan personalan odnos, o čemu elektronski i pisani mediji često izveštavaju, između pojedinaca ili delova političke elite i kriminalnih struktura društva.

Sistem regrutacije na položaje u javni službama – zasnovan na nepotizmu (rođačkim i prijateljskim vezama) i po sistemu „plena" (postavljanje članova i simpatizera stranaka) – onemogućio je kod pripadnika službe formiranje birokratske, pre svega neutralne, svesti i obaveze kvalitetnog obavljanja posla.

Imajući u vidu da se odnos prema institucijama polarizuje u tu svrhu smo na tabeli 5. prikazali procente dobrih i loših ocena (privrednih subjekata) nekih institucija u oba istraživanja.

---

[82] Вуковић, С., 2005, *Право, морал и корупција*, ИДН – „Филип Вишњић", Београд.

Tabela 5. Loše i dobre ocene sledećih institucija (u%)

	Procenat loših ocena (1 i 2[83])		Procenat dobrih ocena (5 i 6[84])	
	2001	2006	2001	2006
N	327	301	327	301
Carina	36	15	5	15
Održavanje puteva	74	53	1	9
EPS-struja	42	22	12	27
Zdravstvo	51	31	7	16
Toplane	19	8	13	26
Policija	43	23	11	19
Obrazovanje	39	17	13	21
Inspektorska služba	46	30	12	19
Telekom	21	10	26	43
Poreska služba	47	35	10	17
Sudske vlasti i pravosuđe	52	41	3	7
Pošta	20	12	27	40
Narodna banka	24	16	19	23
Vodovod	25	17	38	32
Lokalne vlasti	36	33	17	15
Vojska	40	21	28	20
Narodna skupština	38	49	5	3

Prezentirani rezultati istraživanja pokazuju:

Prvo, da je u 2006. godini za razliku od 2001. godine u većini slučajeva opao procenat krajnje *negativnih* ocena („veoma loše" i „loše") funkcionisanja pojedinih službi. Za carinu je to, na primer, pad od 36% na 15% negativnih ocena, za policiju od 43% na 23%, vojsku od 40% na 21%, obrazovanje 39% na 17% i slično. To ne važi za lokalnu vlast gde imamo neznatno poboljšanje od 36% na 33% i Narodnu skupštinu, koja sada ima 49% negativnih ocena dok ih je pre pet godina imala 38%.

---

[83] Gde je: 1 – veoma loše, 2 - loše

[84] Gde je: 5 – dobro, 6 – veoma dobro

Drugo, u isto vreme takođe raste i procenat izuzetno *pozitivnih* ocena („veoma dobro" i „dobro"), zavisno od službe do službe. Tako, na primer, carina je porasla sa 5% na 15%, policija sa 11% na 19%, zdravstvo sa 7% na 16%, obrazovanje sa 13% na 21% i slično. S tim što je taj procenat pozitivnih ocena kod vojske smanjen sa 28% na 20% i kod lokalne vlasti sa 17% na 15%. To, između ostalog, govori o sve većoj polarizaciji na one koji podržavaju i one koji se suprotstavljaju vlasti.

Treće, percepcija privatnih preduzetnika, u poslednjem istraživanju, za razliku od prethodnih, sve se više polarizuje – istovremeno raste procenat i pozitivnih i negativnih ocena. Tako se stiče utisak da na njihove stavove, o efikasnosti pojedinih službi, sve više deluju njihova trenutna ili trajna politička opredeljenja (stranačkog), jer se ove izjave, kao i mnoge druge, ne mogu osloboditi tog prizvuka, i nerealnih očekivanja, odnosno nestrpljenja oko ispunjenja proklamovanih (predizbornih i sličnih) obećanja, među kojima su ekonomski oporavak, rast standarda i poštovanje zakona.

Prethodno interpretirani rezultati istraživanja mogu se tumači sledećim uzrocima:

Prvo, iznevereno očekivanje građana u periodu tranzicije 2001 – 2006. godine a koje se zasnivalo na nerealnim obećanjima tadašnje opozicije. Povrh toga, prethodnih pet godina bile su praćene velikim aferama, sumljivim privatizacijama i velikim raslojavanjem društva. Nijedna afera pokrenuta u to vreme nije dobila konačan sudski epilog.[85] Otuda se postavlja pitanje da li su one pokrenute radi raščišćavanja kriminalnih ili korupcionaških delatnosti pripadnika političke elite ili u cilju pridobijanja „jeftinih" političkih poena njihovim pokretačima i skretanja pažnje sa ključnih problema društva. Ključ raslojavanja srpskog društva možemo, pre svega, tražiti u nekoliko sledećih činjenica: divljoj privatizaciji, iznošenju novca iz zemlje za vreme sankcija (pod geslom spasavanja domaće privrede), sumnjivom poslovanju sa državom, zatim u bogaćenju pojedinaca uz pomoć klasičnog kriminala ili utajom poreza. Mnogi od ovih poslova bili su opterećeni

---

[85] A bilo ih je u kojima su pominjane na desetine miliona evra.

i korupcionaškim potezima njihovih aktera. Ključni akter ovih poslovnih „aranžmana" bila je politička nomenklatura, ili ljudi bliski njoj. Zato su sada „kažnjeni", u ovim odgovorima u našim istraživanjima.

Drugi razlog možemo tražiti u činjenici da je u tom vremenu počeo da se uspostavlja poreski sistem, koji je privatnom sektoru, posebno sitnom, ograničio delatnost u sivoj zoni. Legalno poslovanje nije odgovaralo mnogim sitnim privatnicima (kojih inače ima dosta u uzorku) pa su oni iz tih razloga, kao „oštećena" stranka, dali lošije ocene većini državnih i društvenih službi (često između njih ne praveći razliku).

Treće, u toj situaciji kada su mnoga od tih malih preduzeća i radnji iz dana u dan propadali, država nije gotovo ništa, po njihovom mišljenju, učinila za njihovu zaštitu, posebno od velikih monopolista. I pored uspešne privatizacije bankarskog sektora[86] (koji nije mogao proći bez, u javnosti često pominjane, afere s „nacionalnom štedionicom", ili, pak, sumljivim gašenjem pet srpskih banaka) bankarski krediti su im bili, prema njihovim izjavama, ili nedostupni ili previše skupi. Krediti se dobijaju, kako u direktnim razgovorima često kažu, sa zelenaškim kamatama, a za to stanje direktno optužuju državu (vršioce vlasti), odnosno njenu ekonomsku politiku.

---

[86] Prema izjavi guvernera Narodne banke Srbije Radovana Jelašića.

RAŠIRENOST KORUPCIJE

Na prethodnim stranicama izložili smo osnovne tipove korupcije, odnos korupcije i pravnog uređenja države, njene teorijske pretpostavke i osnovne uzroke. Zatim, problem odnosa korupcije u društvu i pravosuđu, kao i legitimnosti pravosuđa. U ranijim istraživanjima pokazali smo kako korupcija nastaje i kako postaje globalna društvena pojava sa dugom istorijom. Zatim smo pokazali kako je u Srbiji postala sistemska stvar, odnosno kako je zašla u sve pore društva. To znači da nema gotovo ni jedne društvene ustanova čiji službenici nisu u većoj ili manjoj meri podlegli nekom od oblika korupcije. Takođe smo ranije pokazali kako je ona indukovana od strane političke vlasti (činjenjem ili nečinjenjem) i da je približno jednaka kao i u zemljama iz okruženja. Takođe smo pokazali kako se ne može staviti pod kontrolu bez političke volje i široke podrške građana i institucija sistema. Kako je to danas, nakon pet godina od promene vlasti u Srbiji, videćemo na sledećim stranicama u uporednoj analizi, pomoću više indikatora dobijenih u empirijskim istraživanjima.

Koliko je korupcija uobičajena pojava?

Bez obzira na empirijsku činjenicu da je korupcija u Srbiji, za mnoge privatne preduzetnike, sastavni deo njihovog poslovanja, u poslednje vreme kao da jenjava. To znači da srpsko društvo polako, kada je reč o korupciji, uplovljava u mirnije vode. A to, ujedno, govori da na veličinu i obim korupcije u jednom društvu uveliko utiče politička i opšta društvena stabilnost, to znači kvalitet i stabilnost njegovih institucija. Preciznije rečeno, ukoliko je te stabilnosti više biće manje korupcije i obrnuto.

Bez obzira na neosporna pozitivna kretanja, i dalje, za ogromnu većinu (73%) preduzetnika, davanje mita ne predstavlja nikakvo iznenađenje (tabela 6). Za razliku od 2001. godine kada su privatni preduzetnici u gotovo dve petine (39%) slučajeva izjavljivali da je *uobičajeno* („uvek", „u većini slučajeva" i „često") da preduzeća i radnje koje se bave „ovom vrstom posla" da dodatno plate da „završe neke stvari", sada ih je, 2006. godine, ispod četvrtine (24%). Odnosno, da to nije baš uobičajeno („nikad", „retko" i „ponekad") 2001. izjavljuje 53%, a 2006. godine 70% ispitanika. Ono što posebno pada u oči jeste da raste broj (od 9% na 22%) onih koji izjavljuju da se nikada ne dešava da je za dodatne usluge neophodno dati mito. To znači da je gotovo osam desetina (82%) privatnih preduzetnika, prema njihovom izjavama, bar jednom tokom svog poslovanja (istraživanje iz 2001.) dalo mito državnom činovniku ili je imalo direktnih saznanja o davanju mita. Nasuprot tome, sada je takvih 73%. Ako iskazane procentualne vrednosti prevedemo na zajednički pokazatelj, više je nego jasno da stepen podmitljivosti državnih službenika opada (indeks 2001. 3,2 a 2006. godine 2,8). Kad je reč o korupciji, koja je u većini društava uhvatila duboke korene, to je značajno smanjenje.

Tabela 6. Koliko je uobičajeno za preduzeće da ima neka neregularna plaćanja da „završi neke stvari" ?

	Godina	
	2001	**2006**
N	327	301
sig	0,00	
Nikada	9	22
Retko	22	17
Ponekad	22	32
Sum -	53	70
Sum +	39	24
Često	27	14
U većini slučajeva	9	7
Uvek	3	4
Odbija / Ne zna	8	5
Total	100%	
Prosek	3,2	2,8

Na osnovu izloženih podataka može se zaključiti da je i dalje, i pored izvesnog smanjenja, davanje mita državnim činovnicima jedan od nužnih uslova za obavljanje privredne delatnosti. Ono je i dalje rašireno do razmera opšte pojave. Sledeći naš problem bio je da li preduzeća obično znaju koliko iznosi to „dodatno plaćanje". Iskustva sa terena pokazuju da ako se mito ne da jednom javnom službeniku sačeka će ga drugi, ako ne danas onda sutra. A to stvara nesigurnost kod privrednih subjekata i građana.

U našem poslednjem istraživanju javni službenici i nosioci vlasti (od opštine pa naviše) su nešto bolje prošli nego pre pet godina. Naime, da nikad ne zna koliko iznosi to dodatno plaćanje 2001. izjavljuje samo 4% preduzetnika, dok takvih 2006. godine ima 26%. Kad se ti rezultati prikažu jednim sintetičkim pokazateljom više je nego jasno da podmitljivost, merena ovim idikatorom, opada (indeks 2001. 3,2 a 2006. godine 2,6). To znači da oni za ovu društvenu pojavu sve češće saznaju na posredan način, preko tuđeg iskustva, bez obzira na to što za pojedine usluge postoji unapred određena tarifa. One, naravno, nisu okačene na oglasnim tablama njihovih ustanova nego se saopštavaju u četiri oka ili preko poslovnih partnera, advokata i raznih drugih posrednika.

Direktno i indirektno podmićivanje

Utvrđivanja kanala i prirode korupcije bio je naš sledeći zadatak. U tu svrhu bilo je neophodno postaviti pitanje da li državni službenici za svoju korupcionašku aktivnost od svojih „klijenata" direktno ili indirektno traže novac. To nam posredno govori koliko se oni plaše zaprećenih sankcija i koliko ozbiljno shvataju propisana pravila igre, a samim tim, i kazneni aparat društva. A posredno i kakvo je poverenje u taj kazneni aparat. Prema istraživanju iz 2001. godine oni su to činili direktno – bez straha od sankcija i to „uvek" u 38% i „u većni slučajeva" u 45% slučajeva.

Pet godina kasnije, na šta ukazuju rezultati istraživanja, to se u potpunosti promenilo. Naime, u dve trećine slučajeva (66%) izjavljuju da ni u jednom slučaju državni službenici nisu direktno tražili novac ili uslugu da bi za njih obavili neki posao. Istovremeno to se u 27% dešava u pojedinačnim slučajevima. Jedan od problema je što ovo istraživanje nije obuhvatilo krupne „ribe", one koje, kako bi to još Ksenofont rekao, cepaju mrežu (misleći na propisane zakonske norme). To ujedno znači: prvo, da se plaše zaprećenih sankcija, i drugo, i ako se direktno ne traži novac ili usluga korupcija i dalje opstaje, samo se njeni mehanizmi usložnjavaju (odugovlačenje postupka, neodgovarajuće rešavanje problema i slično – kod korupcije za ostvarivanje prava), i treće, u toj situaciji korupcija neminovno mora da opada (što će se kasnije detaljnije videti).

Tabela 7. Koliko su često državni službenici direktno tražili novac, poklon ili uslugu?

	Godina	
	2001	2006
N	327	301
sig	0.00	
Ni u jednom slučaju	01	66
U pojedinačnim slučajevima	07	27
Sum -	08	93
Sum +	83	02
U većini slučajeva	45	02
Uvek	38	
Odbija / Ne zna	09	05
Total	100%	
Prosek	3.3	1.3

Korupcija, naravno, postoji i kada državni službenici, funkcioneri političkih stranaka i vršioci vlasti traže novac na indirektan način ili ga očekuju. To se čini na razne načine, počev od traženja pozajmice, preko nuđenja pomoći u dobijanju ili obezbeđenju posla na „legalan" način,[87] do opstrukcije u poslu i postavljanja visokih barijera koje je

---

[87] Može se čuti: „Moja (ili mojih prijatelja) pomoć za dobijanje ili realizaciju tog posla može Vam biti od velike koristi". Ili: „Moja pomoć za realizaciju tog posla može biti presudna".

moguće preskočiti samo uz pomoć mita (ako je reč o usluzi na koju građanin ima pravo).[88] Kada je reč o korupciji gde je neophodno prekršiti zakon slična je situacija, i može se čuti: "Znate, ja moram da prekršim zakon."; Ili: „Ja rizikujem." A to se (što se podrazumeva) mora platiti. Rezultate tog dela istraživanja prikazali smo na tabeli 8.

Tabela 8. Koliko su često državni službenici pokazivali da očekuju novac, poklon ili uslugu?

	Godina	
	2001	2006
N	327	301
sig	0.00	
Ni u jednom slučaju	12	35
U pojedinačnim slučajevima	31	39
Sum -	43	74
Sum +	49	23
U većini slučajeva	38	20
Uvek	11	03
Odbija / Ne zna	08	03
Total	100%	
Prosek	2.5	1.9

Rezultati ova dva empirijska istraživanja pokazuju nam da se smanjuje korupciono očekivanje državnih službenika. To znači da se smanjuje i korupcioni pritisak na potencijalnog koruptora. Smanjenje korupcionih očikivanja kao i korupcionog pritiska, odnosno nuđenje mita državnom službeniku kako bi prekršio zakon (uz korupciju) radi zadovoljenja posebnog interesa koruptora, značajno utiče na smanjenje korupcije, a što će se kasnije detaljnije videti. To znači da postoji pozitivna korelacija između veličine i obima korupcije i koruptivnih očekivanja primaoca mita i korupcionog pritiska davaoca mita.

---

[88] Jedan od načina traženja mita u Crnoj Gori je: „Vidiš, prijatelju, država je propala". Ako ponuđena suma novca, po proceni tražitelja mita, nije dovoljna on će na to odgovoriti: „E, moj prijatelju, država je propala više nego što ti misliš".

Naime, u istraživanju iz 2001. godine, prema izjavama privatnih preduzetnika, gotovo polovina (49%) su otvoreno pokazivali da očekuju „uvek" i „u većini slučajeva" novac, poklon ili uslugu. Nasuprot ovome, pet godina kasnije (2006. godine) takvih je bilo nepuna četvrtina (23%). Istovremeno, državni službenici koji nisu pokazali „ni u jednom slučaju" da očekuju novac, poklon ili uslugu, 2001. godine bilo je samo 12%, pet godina kasnije takvih je gotovo triput više (35%).

Rezultati istraživanja prezentirani u ove dve poslednje tabele govore nam, kao i u mnogim drugim slučajevima, da opada korupcija u Srbiji, u posmatranom periodu. S tim da je direktno traženje mita znatno ređe od onog koje se iznuđuje na razne – posredne načine. To nam ujedno govori da češće otkrivanje korupcije, pooštrena kaznena politika i češće kažnjavanje od strane sudske vlasti za dela korupcije daje izvesne rezultate, i da potvrđuje jednu od naših ranije izloženih teza da je jedan od bitnih uslova za smanjenje korupcije veća društvena kontrola, zatim oštrija i doslednija kaznena politika. To će ujedno smanjiti kako korupciona očekivanja javnih službenika (zbog straha od sankcija) i njihovu podložnost mitu, tako i korupcioni pritisak na njih od strane potencijalnih koruptora koji često radi ostvarivanja svojih interesa ne prezaju ni od čega. Razlog možemo tražiti u činjenici da je njihov kapital zarađen, najblaže rečeno, na sumljiv način.

Višestruko plaćanje

Višestruko plaćanje ili uzimanje dodatnog mita u uređenim birokratizovanim društvima za istu „uslugu" od drugog (ili istog) javnog službenika prava je retkost. Kod nas je situacija suprotna, odnosno višestruko plaćanje za istu „uslugu" nije retkost. To znači da je reč o neodgovornoj i neprofesionalnoj birokratiji.

Jedan od uzroka njene neprofesionalnosti možemo tražiti u samim uslovima njenog formiranja, odnosno načinima regrutacije na birokratske položaje u prethodnom socijalističkom periodu. Pored toga i kasnije regrutacija je u velikoj meri zavisila od partijske pripadnosti pretendenata na položaje. Birokratija koja svoje usluge na ovaj način obavlja poprima sva obeležja kleptokratije. Pored toga, to znači i da je njen uticaj na policiju, tužilaštvo i pravosuđe znatan, budući da ona ne oseća strah da može doći pod udar sankcija. Za taj uticaj može da zahvali svom partijskom opredeljenju ili pripadnosti.

Sledeći uzrok višestrukog plaćanja (izostanka „usluge" i pored primljenog mita) jeste problem poverenja, odnosno nepoverenja,[89] koji je zahvatio srpsko društvo, na gotovo svim nivoima. Tom nepoverenju nisu bile pošteđenene kriminalne grupe (tu se krije jedan od razloga velikog broja ubistava u kriminalnim krugovima), a samim tim ni akteri korupcije.

Prezentirani podaci istraživanja to potvrđuju. S tim što se stanje u poslednjih pet godina u nekoj meri popravilo. Rezultati istraživanja potvrđuju da isplaćeno mito ne garantuje dobijanje „ugovorene" usluge. Naime, u istraživanju iz 2001. gotovo svaki treći (32%) preduzetnik bio je prinuđen, po sopstvenim izjavama, da za istu „uslugu" ponovo plati („uvek", „obično" i „često"), dok je 2006. godine to morao da čini („uvek" i „često") u nepunu petinu slučajeva (19%). To, takođe, znači da je, prema istraživanju iz 2001, gotovo dve trećine (65%) za istu uslugu, barem jednom u toku svog poslovanja, moralo da plati najmanje dva puta ili imalo direktnih saznanja o višestrukom plaćanju. Nasuprot ovome, prema istraživanju iz 2006. godine, takvih je nešto manje, odnosno 54%.

Iz ovoga proizlazi da se sa širenjem aparata državnih službi širi i korupcija, odnosno povećavaju se transakcioni troškovi s povećanjem broja službenika koje treba korumpirati. Zato se često dešava da pojedine usluge moramo platiti dva ili više puta. S tim da ni tada nema garancija da će se plaćena usluga i dobiti (korumpirani nema kompetencije da je izvrši).

Poseban problem predstavlja ako davalac mita i pored plaćanja usluge istu ne dobije. Tada je reč o neefikasnoj korupciji i krajnje neodgovornoj birokratiji. Koliko se na tom polju za poslednjih pet godina stanje promenilo pokazaće nam sledeći empirijski podaci. Tako, na primer, u istraživanju iz 2001. godine dobili smo podatak da se i

---

[89] Slavujević, Đ. Z., 1995, „Delegitinizacije sistema i njegovih institucija", u: Slavujević, Đ. Z. – Mihailović, S., *Dva ogleda o legitimitetu*, IDN, Beograd. Takođe: Вуковић, С., 2003. *Корупција и владавина права*, Београд.

posle izvršenog „dodatnog plaćanja" dogovorena suma ipak dobije, ali ne uvek. Preciznije rečeno: „uvek" u 8% slučajeva, „obično" u 40% slučajeva, „često" u 15% slučajeva, „ponedad" u 12%, „retko" 3% i „nikad" u 1% slučajeva. Onih koji ne znaju ili nisu odgovorili na postavljeno pitanje bilo je 20%. Vrednost indeksa iznosi 2,1. Nema bitnih statističkih razlika s obzirom na tip, veličinu i mesto preduzeća.

Nasuprot ovome, po istraživanju iz 2006. godine birokratija postaje manje efikasna i manje profesionalna. Nakon izvršenog „dodatnog plaćanja" dogovorena suma dobije se „uvek" u 11% slučajeva, „često" u 23% slučajeva, „ponekad" u 21%, „retko" 8% i „nikad" u 8% slučajeva. Odbija da odgovori na pitanje i ne zna 29% preduzetnika. Vrednost indeksa iznosi 3,3. Znači, davalac mita nema apsolutnu već samo relativnu sigurnost da će plaćenu uslugu dobiti. To stvara nesigurnost kod davalaca mita. Ali to ujedno smanjuje i korupcioni pritisak.

Uzroke izostanka usluga od strane javnih službenika i pored plaćene korupcije možemo tražiti u više činjenica.

Jednu od njih možemo tražiti u činjenici da je sadašnja birokratija u personalnom, a zatim i u navikama, stavovima prema državi i društvu i načinu rada, u velikom delu i ideološkom smislu naslednica dojučerašnje socijalističke nomenklature. Ona je u svim tim društvima, samim tim i u srpskom, bila deo vladajuće društvene grupe ili je u nju bila inkorporirana sa sličnim ili identičnim navikama i načinom života. Odatle proizlazi da je njihova zamišljena ili nabeđena moć iznad stvarne.

Drugi uzrok izostanka dobijanja usluga od strane javnih službenika i pored toga što su za njih od strane koruptora dobili „dodatno plaćanje" nastaje zbog uvećanja birokratije, koje stvara povećani broj zainteresovanih da se uključe u koruptivne radnje. I, naravno, zbog nastojanja mnogih da obećaju i ono što ne mogu, i pored „dobre volje", da ispune dato obećanje.

Treći uzrok možemo tražiti u činjenici da je Krivičnim zakonikom sankcionisano ne samo uzimanje nego i davanje mita. Zato je koruptor i pored činjenice što nije dobio plaćenu uslugu prinuđen da ćuti. Tu se krije jedan od razloga teškog otkrivanja dela korupcije. „Prikriveni islednik" u našem istražnom postupku nije još dobio pravo građanstva.

Čretvrti razlog možemo tražiti u činjenici da su mesta u javnim službama dobijena na osnovu „moralno političke podobnosti" ili partijske privrženosti njihove ili njihovih roditelja. Oni zato smatraju da je mesto koje zauzimaju njihovo „istorijsko pravo" i zato se ponašaju kao da im niko ništa ne može. A kad se eventualno nađu iza rešetaka ne mogu se čudu načuditi i svoj nov položaj pripisuju političkim razlozima,[90] odnosno političkom progonu (zbog eventualne bliskosti s prethodnom političkom garniturom). To na svojstven način govori da politička scena u Srbiji nije ni približno stabilizovana.

Peti uzrok možemo tražiti da birokratija u ovim, tranzicionim vremenima postaje, moglo bi se reći, nestrpljiva kako bi što više „ugrabila", budući da već sutra, zbog pooštrenja kaznene politike, to neće moći na taj način i u tom obimu.

Veličina mita

Veličina mita zavisi od više činilaca. Na prvom mestu je vrednost posla, odnosno dobiti koja je u igri, zatim važnost posla (može imati malu vrednost ali posebnu važnost za koruptora), retkost dobra koje se nudi „na prodaju" uz korupciju, „subjektivne" vrednosti ili znača-.ja dobra za koruptora, verovatnoće da bi korupcija mogla biti otkrivena, veličine zaprećene kazne za učinjeno delo i slično. Zbog toga jedno od postavljenih pitanja ekonomskim subjektima bilo je: koliko privatni preduzetnici, od svog godišnjeg prihoda, izdvajaju za plaćanje mita javnim službenicima? Taj deo istraživanja prikazali smo na tabeli 9. Preko ovog pitanja, za razliku od mnogih drugih, dobijaju se dosta verodostojni podaci o raširenosti korupcije, budući da ovde nije reč o percepciji korupcije nego o samoj korupciji.

---

[90] To u potpunosti potvrđuje koncept odbrane aktera „stečajne mafije", koji su se žalili na politički progon. Jedan od njih je pisao čak i predsedniku Republike Srbije.

77

Tabela 9. Koliki procenat ukupnog prihoda Vaše preduzeće/radnja godišnje izdvaja na ime „nezvaničnih plaćanja"?

	Godine	
	2001	2006
N	327	301
sig	0,00	
0%	25	51
Manje od 1%	15	19
1 - 1,99%	7	10
2 -9,99%	20	5
10-12,99%	9	3
13-25%	2	1
Preko 25%	4	1
Odbija / Ne zna	17	11
Total	100	100

Uporedimo li empirijske podatke iz 2001. sa podacima iz 2006. godine, primećujemo da je došlo do znatnih promena. Najznačajnija promena je u tome da je broj onih koji izjavljuju da *ne plaćaju* dodatne usluge porastao je sa četvrtine (25%) na nešto iznad polovine (51%). Shodno ovome, u istraživanju iz 2001. nešto manje od tri petine (58%), to čini i navodi koliko to iznosi u odnosu na njihov prihod, dok je takvih u istraživanju iz 2006. godine ispod dve petine (39%). U isto vreme, nešto malo je porastao (od 15% na 19%) broj onih koji za dodatne usluge plaća manje od jednog procenta sopstvenih prihoda. (Preduzeća sa prihodom preko deset hiljada evra nešto češće izjavljuju, od onih manjih, da dodatno plaćaju manje od 1% sopstvenih prihoda.)

Za posmatranih pet godina, prema izjavama preduzetnika, znatno je opao i procenat onih koji za podmićivanje izdvajaju veće sume novca. (Krupan se novac uzima prilikom privatizacija, tendera i slično.) Tako, na primer, broj onih koji plaćaju od jedan da deset posto svojih prihoda opao je sa 27% na 15%, a onih koji plaćaju preko deset odsto sada je, po izjavama, tri puta manje (opao je sa 15% na 5%). U oba ova istraživanja nema zanačajnih razlika između privatnih preduzeća i radnji i njihove regionalne raspoređenosti. To nesporno znači da se raširenost korupcije, po izjavama privatnih preduzetnika, u Srbiji za poslednjih pet godina znatno smanjila, odnosno da je, bar kad je reč o onoj sitnoj, stavljena pod koliku toliku kontrolu. Kada je reč o krupnoj ona se i dalje žilavo održava, jer su u nju uključeni pripadnici političke i ekonomske elite. Sledeći korak je stavljanje pod kontrolu krupne korupcije, što će delimično biti učinjeno završetkom privatizacije društvenih i jednog dela javnih preduzeća i podizanje vladavine prava na viši nivo.

Slika 2. Koliki procenat ukupnog prihoda Vaše preduzeće/radnja godišnje izdvaja na ime „nezvaničnih plaćanja"?

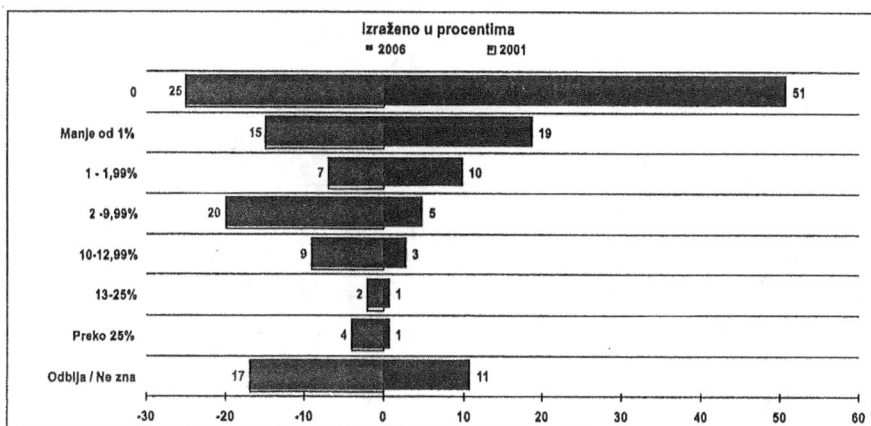

Da li se korupcija smanjuje?

U cilju saznanja da li se korupcija u Srbiji povećava ili smanjuje postavili smo dodatnu bateriju pitanja. Uporedna analiza podataka istraživanja iz 2001. i 2006. godine govori nam da su se stvari za nijansu pomerile nabolje. U prvom istraživanju, onih koji su smatrali da se stvari kreću na bolje bilo je između 9% i 17%. Pet godina kasnije, kad je reč o neophodnom mitu, da je situacija *bolja* nego pre tri godine smatra između 13% i 37% preduzetnika. Prema njihovim izjavama situacija je bolja kad je reč o registraciji preduzeća (gde je pomak da-

79

leko najveći), dozvoli za rad, uključenja telefona i struje, zatim kod sanitarne inspekcije i kod deviznog poslovanja. Kod drugih institucija ili službi kao što su finansijska policija, poreska uprava, dobijanje lokacije (zemljišta), urbanistička inspekcija, dobijanje ugovora s državnim preduzećem ili vladom, situacija je ipak nešto bolja nego pre pet godina. Nasuprot ovom, u poređenju s periodom od pre tri godine kad je reč o korupciji najgore su prošle lokalne vlasti (dobijanje ugovora s lokalnim vlastima), odnosno sada 2006. manje je onih koji izjavljuju da je situacija bolja nego što je to izjavljivalo 2001. godine.

Tabela 10. U poređenju sa periodom od pre tri godine situacija sa neformalnim plaćanjem je ... „bolja"

	Godina	
	2001	2006
N	327	301
Registrovanje preduzeća	17	37
Dozvola za rad	17	27
Uključenje telefona ili struje	12	28
Finansijska policija	16	24
Poreska uprava	15	22
Sanitarna inspekcija	13	21
Dobijanje ugovora sa lokalnim vlastima	17	16
Dobijanje lokacije (zemljišta)	14	18
Urbanistička inspekcija	12	17
Devizno poslovanje i inspekcija	09	19
Dobijanje ugovora sa državnim preduzećem	11	15
Dobijanje ugovora sa Vladom	10	13

Kao i na drugim mestima, i ovde ima onih koji smatraju da su se stvari krenule na gore. Takvih je u istraživanju iz 2001. godine bilo između 2% i 11%. Tada su najgore prošli: uključenje telefona i struje, finansijska policija, poreska uprava i dobijanje ugovora s državnim preduzećem. U istraživanju iz 2006. njih je između 8% i 18% i najgore je prošla poreska uprava, dobijanje lokacije – zemljišta (gde se inače dešavaju česte malverzacije) i finansijska policija.

Tabela 11. U poređenju sa periodom od pre tri godine situacija sa neformalnim plaćanjem je .. „gora"

	Godina	
	2001	**2006**
N	327	301
Poreska uprava	07	18
Dobijanje lokacije (zemljišta)	06	18
Finansijska policija	07	13
Uključenje telefona ili struje	11	08
Dobijanje ugovora sa državnim preduzećem	07	10
Dobijanje ugovora sa lokalnim vlastima	05	12
Dozvola za rad	05	11
Urbanistička inspekcija	03	11
Devizno poslovanje i inspekcija	04	09
Sanitarna inspekcija	03	09
Registrovanje preduzeća	04	08
Dobijanje ugovora sa Vladom	02	08

Sledeće po važnosti jeste i pitanje: u kojim je sferama društvenog života korupcija najzastupljenija, zatim da li se nešto menja, odnosno da li se ona smanjuje ili povećava. Uporedne rezultate istraživanja (izražene preko Indeksa) iz 2001. i 2006. godine prikazali smo na tabeli 12.

Izloženi rezultati nam ukazuju na nekoliko stvari.

Prvo, podmitljivost javnih službenika 2001. godine bila je vrlo visoka i bila je najveća prilikom dobijanja lokacije (zemljišta), carinjenja, uključenje telefona i struje, dobijanja ugovora s Vladom, zatim dobijanja ugovora s lokalnim vlastima (nije bilo gotovo nikakve razlike u korupciji bez obzira ko je na lokalnom nivou bio na vlasti – tadašnja vlast ili opozicija) i dobijanja ugovora s državnim preduzećem. Naravno, tu spadaju i razne dozvole pri gradnji građevinskih objekata.

**Tabela 12. Podmitljivost službenika
u javnom sektoru (Indeks 1 - 5)[91]**

	Godine	
	2001	2006
Carinjenje	3,0	2,3
Devizno poslovanje i inspekcije	2,7	2,0
Poreska uprava	2,1	2,1
Finansijska policija	2,7	2,2
Registrovanje preduzeća	2,3	1,8
Sanitarna inspekcija	2,5	2,0
Urbanistička inspekcija	2,6	2,2
Dobijanje lokacije (zemljišta)	3,1	2,5
Dozvola za rad	2,7	2,2
Uključenje telefona ili struje	3,0	2,2
Dobijanje ugovora s Vladom	3,0	2,3
Dobijanje ugovora s lokalnim vlastima	2,8	2,4
Dobijanje ugovora s državnim preduzećem	2,8	2,4

Drugo, pet godina kasnije ponovo je prvo mesto zauzelo dobijanje lokacije (zemljišta), zatim dobijanje ugovora s lokalnim vlastima i sa državnim preduzećem, carinjenje i dobijanje ugovora s Vladom, odnosno njenim ministarstvima ili agencijama. To sugeriše da je jedan od ključnih generatora korupcije politička vlast, kako ona na najnižem nivou tako i ona na najvišem (setimo se afera „Pancer", „Nacionalna štedionica", „Šećerane", i drugih), s jedne, i društvena i državna preduzeća, s druge strane.

Treće, podmitljivost službenika u javnom sektoru je svuda manja, izuzev poreske uprave (ostala je ista kao i u prethodnom istraživanju). Kad je reč o poreskoj službi ne može se isključiti da na rezultate istraživanja (odgovore preduzetnika) nije u izvesnoj meri uticala jedna vrsta „osvete" privatnih preduzetnika (posebno onih malih) zbog uterivanja finansijske discipline (naročito i pored značajnih otpora uvo-

---

[91] Gde je: 1 - niko nije podmitljiv, 5 – svi su podmitljivi.

đenju fiskalnih kasa) na kojoj je ona insistirala. Ovaj pad podmitljivosti javnih službenika, uslovno rečeno, kreće se između 15% i 30%.

Četvrto, dolazi do polarizacije odgovora ispitanika, odnosno istovremeno raste procenat onih koji smatraju da je sada situacija s podmićivanjem *bolja* nego pre tri godine, kao što raste procenat onih koji smatraju da je situacija s podmićivanjem *gora* nego pre tri godine. Razloge toga možemo tražiti u političkoj sferi koju karakteriše insistiranje mnogih političkih poslenika (revolucionarno nastrojenih) na podeli društva na „dve Srbije".

Vreme potrebno za podmićivanje

Radi boljeg razumevanja obima korupcije i njene štetnosti po ekonomske odnose neminovno se postavlja pitanje koliko vremena i energije gube privatni preduzetnici na podmićivanje raznih državnih i paradržavnih službenika. Pored pitanja od kojeg se traži da procene koliko od svojih prihoda izdvajaju za podmićivanje, ovo daje najrealnije podatke o raširenosti korupcije. Te podatke prikazali smo u tabeli 13.

Tabela 13. Vreme potrebno za podmićivanje službenika u javnom sektoru

	Godina	
	2001	2006
N	327	301
sig	0.00	
0%	34	57
Manje od 1%	21	18
1 - 1,99%	08	07
2 -9,99%	08	03
10-12,99%	06	01
13-25%	03	01
Preko 25%	04	01
Odbija / Ne zna	17	12
Total	100%	

Slika 3. Vreme potrebno za podmićivanje službenika u javnom sektoru

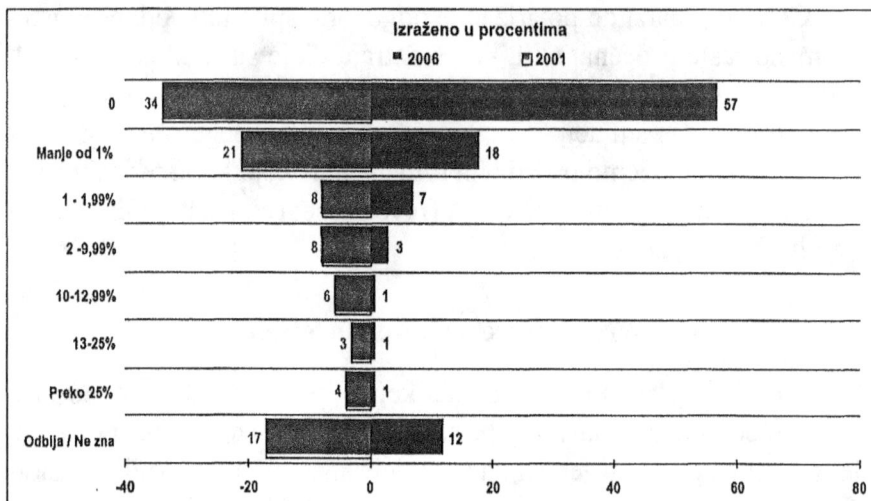

Izraženo u procentima
■ 2006   ▣ 2001

	2006	2001
0	34	57
Manje od 1%	21	18
1 - 1,99%	8	7
2 -9,99%	8	3
10-12,99%	6	1
13-25%	3	1
Preko 25%	4	1
Odbija / Ne zna	17	12

-40   -20   0   20   40   60   80

U istraživanju iz 2001. više od jedne trećine (34%) izjavljuje da ne gubi vreme, dok ih je u najnovijem istraživanju gotovo tri petine (57%). Nešto malo smanjio se procenat onih koji izjavljuje da je to manje od 1% vremena . Broj onih ekonomskih subjekata koji, po sopstvenim izjavama, gubi na podmićivanju od jedan da deset odsto vremena opao je sa 16% (2001) na 10% (2006), kao i onih koji izjavljuju da je taj gubitak vremena enorman (preko 10%), odnosno njih je sada više od četiri puta manje. Nema statistički značajnih razlika, u oba ova istraživanja, s obzirom na tip preduzeća, vrstu delatnosti ili njihov regionalni raspored.

Vreme na podmićivanje se gubi pre svega zbog obezbeđivanja diskrecije od strane koruptora, s jedne, i njihovog pokušaja da to „dodatno plaćanje" nekako izbegnu, s druge strane. Ali, to im najčešće ne uspeva, kada naiđu, kako kažu, na podmitljivog političara ili javnog službenika. Naročito kad je reč o političarima ili državnim službenicima, koji kao što je poznato na svim nivoima, dolaze po političkoj liniji, čije su stranke u tom momentu na vlasti. Nije bitno koji je to nivo vlasti, od opštinskog preko gradskog do republičkog, a ranije i saveznog. Nivo samo utiče na veličinu mita. Da bi se izbeglo „dodatno

plaćanje" potežu se, prema izjavama preduzetnika, ne retko, i politič-
ke veze. Jedan od načina izbegavanja korupcije su i „donacije" poli-
tičkim strankama, što se, takođe, može podvesti pod korupciju.

Višestruko podmićivanje

Da bi proverili da li je moguća zaštita od korumpiranih javnih
službenika postavili smo sledeće pitanje: Koliko se često pokazuje
istinit stav – „ako vladin službenik radi u suprotnostima s propisima,
obično mogu otići drugom službeniku ili njegovom pretpostavljenom,
i uspostaviti korektan odnos bez neslužbenog plaćanja"? Dobijene od-
govore prezentirali smo na tabeli 14.

**Tabela 14. Uspostavljanje odnosa s drugim javnim
službenikom bez korupcije**

	Godina	
	2001	2006
N	327	301
sig	0.47	
Nikada	13	16
Retko	28	23
Ponekad	23	25
Sum -	65	63
Sum +	22	23
Često	06	08
U većini slučajeva	09	07
Uvek	07	08
Odbija / Ne zna	13	14
Total	100%	
Prosek	2.9	2.9

Prezentirani rezultati istraživanja govore nam da zaštita od korup-
cije u okviru postojećeg birokratskog aparata nije velika. To u potpu-
nosti potvrđuje našu osnovnu tezu da uzroke veličine i obima korup-
cije moramo tražiti u sferi prava, odnosno u odnosu između objavlje-

nog prava i njegove empirijske primene. U ovom pogledu za prethodnih pet godina malo se šta promenilo. Zapravo, nepuna četvrtina ispitanika, u oba istraživanja, smatra da *najčešće* („uvek", „u većini slučajeva" i „često") ako državni službenik radi u suprotnosti s propisima može otići drugom službeniku ili njegovom pretpostavljenom i bez korupcije obaviti posao. Da ih taj odlazak može spasiti „ponekad" ili „retko" 2001. izjavljuje natpolovična većina (51%) a 2006. godine gotovo većina (48%).

Sve u svemu, oba ova istraživanja pokazuju da nema velike zaštite od potkupljivih javnih službenika žalbom kod pretpostavljenog ili, pak, odlaskom kod drugog službenika. Žalba šefu ne uspeva, jer je on najčešće uključen u „posao" , iako se on pred koruptorom formalno ne mora pojavljivati, budući da deobom sa potčinjenim službenikom uzima svoj deo „zarade". Ponekad postoji i ceo lanac gde se „dobit" deli prema mestu koje službenik zauzima u na hijerarhijskoj skali položaja. U tom slučaju najniži na skali je onaj koji iznuđuje i preuzima mito. Nije redak slučaj da „bos" ugovara i preuzima mito i deli ga potčinjenima prema „zasluzi" za obavljeni posao ili, pak, prema hijerarhijskoj skali položaja koju njegovi potčinjeni zauzimaju. (Ovo je čest slučaj za lekare: hirurg uzima novac i deli ga prema zasluzi svojim saradnicima – od prvog pomoćnika do čistačice).

Korupcija u političkim strankama

Političke stranke su važne društvene ustanove na kojima se zasniva funkcionisanje savremenih političkih sistema. One ne mogu funkcionisati bez novca, odnosno kako poslovica kaže „novac je majčino mleko politike". Na drugoj strani, vrh političke elite istovremeno je i vrh političkih stranaka, koji imaju moć kako da pokrenu tako i da zataškaju svaku aferu. Kada je reč o zataškavanju to se čini na više načina: prvo, sprečava se ili opstruira prikupljanje dokaza, drugo, ako to ne uspe tada se sprečava njeno procesuiranje, i treće, ako ne uspe jedan od prva dva načina tada se odugovlači njeno okončanje na sudu (zbog zastarevanja) ili vrše razni pritisci na sud da akteri afere dobiju oslobađajuću presudu.

U političkim strankama je prisutno da vrh podmićuje svoje člano-
ve na nižim položajima u hijerarhijskoj strukturi obećavajući im raz-
ne profitabilne položaje ili sinekuru da delaju u interesu stranke. To
često znači da opstruišu, krše ili donose zakon ili podzakonski akt u
interesu stranke, zatim da se angažuju u zaštiti pojedinih stranačkih
funkcionera koji su prekršili zakon.[92]

Pored „klasične" korupcije u političkim strankama je uveliko pri-
sutna trgovina uticajima, koja se najteže otkriva i koja nije sankcioni-
sana krivičnim zakonom. Primera ima više. Navešćemo dva. Prvi pri-
mer koji se može svrstati u korupciju je kada politički delatnik kandi-
dat na izborima (što je kod nas čest slučaj), stranka ili lokalni odbor
daje obećanje (potpisuje jednu vrstu „ugovora" s biračima, tuđim
sredstvima) da će za određeni kraj ako pobedi na izborima učiniti gla-
sačima uslugu nakon izbora, na primer, izgraditi put (iako to nije pri-
oritet).[93] Drugi je primer kada visoko kotirani pripadnik političke
stranke, ujedno i javni službenik, koristeći svoj uticaj obavlja humani-
tarni posao, prikupljajući sredstva od donatora (koji će sutra od istog
tražiti protivuslugu) i tako prikuplja poene svojoj političkoj opciji,
stranci ili sebi. Ovaj tip korupcije se takođe nije našao u Krivičnom
zakoniku, pa njeni akteri mogu očekivati, u najgorem slučaju, ograni-
čene, a ne široke, moralne osude. Nasuprot ovome, on može dobiti, uz
pomoć kontrolisanih medija, pohvale i političku korist.[94] Uzrok tome
možemo tražiti u činjenici što politička elita ne vidi da je takvo pona-
šanje u suprotnosti s moralnom poželjnošću. Zato ga u javnosti pro-
moviše i reklamira. To je još jedan od mnogih dokaza duboke moral-
ne krize srpskog društva, kome je u velikoj meri kumovala ta ista po-
litička elita.

---

[92] Za ovaj slučaj karakreristično je glasanje u Skupštini Srbije iz Soluna i
Bodruma (afere „Solun" i „Bodrum")

[93] Primer: Nova demokratija (kasnije Liberali Srbije) Dušana Mihailovića i
Nova Srbija Velimira Ilića.

[94] Jedan od očitih primera je Narodna kancelarija pod rukovodstvom Dragana
Đilasa.

Sledeći problem na koji istraživači (a i građani) nailaze je taj što političke stranke, pored finansiranja iz bužeta, finansiraju i od strane donatora. One ih po pravilu kriju, ne samo od javnosti nego i od svojih članova (za koje zna samo nekoliko ljudi u vrhu stranke), što nije samo naša specifičnost,[95] i mi ne možemo znati da li i koliko oni tim „donacijama" plaćaju ranije ili buduće usluge ili povoljniji tretman (na tenderima za javne nabavke, privatizaciji, pristupu poslovnim informacijama, budućim namerama i slično). Sledeći je problem, što nije redak slučaj, da one dobijaju novac iz inostranstva. Postavlja se pitanje da li sa tim novcem ide i uticaj na njihovu politiku. Zbog toga je istraživanje korupcije u političkim strankama nezahvalan posao.

Ali, bez obzira na to i na to i na nedostatak drugih relevantnih podataka, nije s goreg videti, na osnovu empirijske građe koju posedujemo, kolika je korupcija u njima. Plaćanje privatnih preduzetnika političkim strankama za razne nelegalne radnje ili obezbeđenja dobijanja zakonom zagarantovanih prava, ili prilagođavanje zakonske regulative potrebama koruptora, prikazali smo na tabeli 15.

Letimičan pogled na priloženu tabelu govori nam da korupcija, prema mišljenjima malih privatnika, u političkim strankama, prvo, nije velika, i drugo, da se za poslednjih pet godina znatno smanjila. Budući da u uzorak nisu ušla krupna privatna preduzeća koja imaju interes i moć da potkupe političke stranke, to i rezultate ovog dela istraživanja moramo uzeti s velikom dozom rezerve.[96] Drugi razlog ovako male potkupljivosti političkih stranaka možemo tražiti u činjenici da se koruptor direktno obraća javnom službeniku (bez posredovanja stranke) ili, pak, državnom funkcioneru na to mesto postavljenom od strane stranke, pa je on percipiran ne kao partijski već kao državni službenik.

[95] Poznata je afera u Nemačkoj oko donacija i stranačkog novca koji je utajio tadašnji nemački kancelar Helmut Kol.

[96] Na to upućuje skupa dvomesečna propaganda pred januarske izbore 2007. godine od strane malih političkih stranaka.

Tabela 15. Plaćanje usluga političkim strankama

	Godina	
	2001	**2006**
N	327	301
sig	0.00	
Nikada	71	90
Retko	10	05
Ponekad	09	04
Sum -	90	98
Sum +	07	01
Često	03	01
Većinom	02	
Uvek	02	00
Odbija / Ne zna	03	01
Total	100%	
Mean	1.6	1.2

Nasuprot privatnih preduzetnika, građani su znatno oštriji kad je reč o korupciji u političkim strankama. Naime, da su političke stranke korumpirane u istraživanju iz 2006. potvrdno odgovara 65,5% građana, s tim da je taj procenat 2001. godine bio nešto niži (51,3%). Na jedno drugo pitanje, u istim istraživanjima, građani su takođe negativno odgovorili. Tako, na primer, da su većina partijskih zvaničnika i lokalnih akticista korumpirana potvrđuje u istraživanju 2006. preko polovine (55,2%), a u istraživanju iz 2001. godine dve petine (42,0%) građana. Prema tome, političke stranke, kako ih građani percipiraju, našle su se u sam vrh korumpiranih institucija sistema. Naime, prosečna vrednost korumpiranosti (koja se kreće od 1 da 5) je vrlo visoka i iznosi u istraživanju iz 2006. godine 4 (u istraživanju iz 2001. godine je 3,8). Rezultati, takođe, govore da nema statistički relevantnih razlika s obzirom na godine, obrazovanje, socijalno poreklo, zanimanje, materijalno stanje i region ispitanika.

Prezentirani podaci nam govore da je prema mišljenju građana korupcija u političkim strankama sada u odnosu na pre pet godina znatno veća, u čemu nema razlike među različitim društvenim grupama, odnosno široko je prihvaćeno stanovište da su političke stranke visoko korumpirane.

KORUPCIJA I MERE
ZA SUZBIJANJE KORUPCIJE

Mere za suzbijanje korupcije moraju biti sveobuhvatne, počev od opštih i načelnih do pojedinačnih i konkretnih.[97] One mogu biti opštedruštvene (političke), zakonske i pojedinačne (interne mere pojedinih institucija, ustanova i preduzeća). Spisak tih mera je podugačak. Sprovođenje tih mera često zavisi i od stvarnih ili potencijalnih potkupljivih javnih službenika i vršilaca vlasti. Zatim, od kvaliteta pravne regulative (koliko je ona obuhvatna), koliko je pravosuđe nezavisno i od toga koliko se zakoni sprovode (o čemu je ranije bilo reči). Ovde je važno podvući da u savremenim društvima, treba da postoji „princip nepoverenja"[98] prema nosiocima javnih funkcija i ovlašćenja. To znači administrativna, javna i sudska kontrola svih onih (bez izuzetka) koji raspolažu javnim dobrima, ili su u mogućnosti da prodaju svoje usluge na nelegalan način radi lične, prodične ili grupne koristi. S rastom nepoverenja raste i kontrola. Ona se mora odnositi i na pravna lica. U tu svrhu, pored Krivičnog zakona, mnoge zemlje su donele Zakon o odgovornosti pravnih lica za krivična dela, a samim tim i korupcije (o kojem je kod nas, kao jednoj od mera za sprečavanje korupcije, gotovo da

---

[97] Vidi: *Корупција у Србији*, 2001, ЦЛДС, Београд.

[98] O „principu nepoverenja" kao motivu kontrole govori Milan Stojadinović, o čemu mu kao mladom doktoru na praksi u francuskom Ministarstvu finansija govori jedan viši državni činovnik. Stojadinović, M. M., 1970, *Ni rat ni pakt*, „Otokar Keršovani", Rijeka, str. 42.

nije bilo reči),[99] kao jednu od mera za sprečavanja privrednog kriminala i korupcije. Zato je borba protiv korupcije komplikovana. Koliko su te mere, koje su preduzimane za prethodnih pet godina bile delotvorne, koje je nepotrebno ovde nabrajati, videli smo na prethodnim stranicama. Kako ih, generalno uzeto, procenjuju privatni preduzetnici možemo videti na tabeli 16.

Tabela 16. Koliko je, u prethodnih pet godina, učinjeno u pogledu suzbijanja korupcije?[100]

	Total	Delatnost preduzeća/radnje			Region		
		Proizvodnja	Trgovina	Ostalo	Beograd	Centralna Srbija	Vojvodina
Nije učinjeno ništa	22,9	21	28	19	35	16	19
Učinjeno je malo	33,9	35	25	42	32	39	26
Osrednje je učinjeno	32,6	30	39	28	23	36	40
Učinjeno je mnogo	8,0	11	4	10	8	6	11
Učinjeno je veoma mnogo	1,3	1	2	1	1	1	3
Odbija/ne zna	1,3	1	3	0	0	2	1
Prosek	2,3	2,4	2,3	2,2	2,1	2,3	2,5

Gotovo jedna četvrtina (23%) preduzetnika smatra da u prethodnih pet godina u suzbijanju korupcije nije učinjeno ništa, a nešto više od trećine (34%) da je malo učinjeno. Nasuprot ovome, tek 9% preduzetnika smatra da je na suzbijanju korupcije učinjeno „mnogo" i „ve-

---

[99] Gde se podrazumeva odgovornost za dela kada je prestup stran interesima preduzeća i kada radnja ne može biti identifikovana ili ne. Odgovornost preduzeća ne oslobađa fizičko lice upleteno u prestup. Primena odgovornosti i sankcija uvode se radi sprečavanja posledica po društvo i radi sprečavanje daljih prestupa. Vidi: Препурука Бр.P(88)18 комитета Министара чланицама ЕУ (20. Октобар 1988). Хибер-Симовић, И., 1995, „Кривична одговорност правних лица и привредни пртеступи: Да ли је разликовање само терминолошке природе?", *Анали йравноī факулйейа у Беоīраду*, бр. 5. Врховшек, М., 2006, О неопходности увођења кривичне одговорности правних лица у казнено правни систем Србије, *Архив за йравне и друшйвене науке*, год. XCIII, бр. 3-4, стр. 1231-1272.

[100] Gde je: 1 – Nije učinjeno ništa, 5 – Učinjeno je veoma mnogo

oma mnogo". Rezultati istraživanja, takođe, pokazuju da su nešto skeptičniji preduzetnici iz Beograda nego oni iz centralne Srbije i Vojvodine. Nema statistički značajnih razlika s obzirom na delatnost, veličinu i vlasnički status preduzeća. Prethodni rezultati istraživanja nisu u skladu s ranije izloženim. Naime, preduzetnici su na veliki broj pitanja, kao što smo videli, odgovorili da je korupcija u Srbiji sada, u odnosu na pre pet godina, primetno manja i da državne službe i institucije društva bolje funkcionišu (od čega zavisi i obim i raširenost mita). Na ovo pitanje odgovaraju da ništa ili gotovo ništa nije učinjeno na njenom suzbijanju, odnosno smanjenju. To govori o njihovim prevelikim očekivanjima, i „političkoj" obojenosti (iskazivanje nepoverenja prema aktuelnoj vlasti ili delovima te vlasti– što je sasvim drugi problem) pojedinih odgovora, jer se ona sama od sebe nije mogla smanjiti. Nije ovo jedino mesto koje govori o nekonzistentnosti odgovora ekonomskih subjekata, odnosno gde se „mešaju" njihova politička opredeljenja i stavovi s njihovim iskustvom s korupcijom i procenama njene raširenosti.

U cilju smanjenja korupcije Vlada Republike Srbiju osnovala je 2002. godine Savet za borbu protiv korupcije. Kako su njegov dosadašnji rad ocenili ekonomski subjekti (2006. godine) prikazali smo na tabeli 17.

Tabela 17. Kako ocenjujete rad Saveta za borbu protiv korupcije? (Ocene od 1 do 5)

	Total	Delatnost preduzeća/radnje			Region		
		Proizvodnja	Trgovina	Ostalo	Beograd	Centralna Srbija	Vojvodina
sig		0.28			0.06		
1	15,6	17	21	09	26	09	14
2	21,9	22	20	24	24	21	21
3	25,2	18	24	31	22	27	26
4	07,3	12	05	06	04	09	08
5	02,3	01	02	04	02	04	
Nisam čuo za njih	18,3	20	19	17	13	19	25
Odbija / Ne zna	09,3	10	10	08	09	11	07
Prosek	2,4	2,4	2,3	2,6	2,1	2,7	2,4

Svi su izgledi da je aktivnost Saveta za borbu protiv korupcije, prema mišljenju preduzetnika, kontroverzna. Rezultati ankete pokazuju:

Prvo, gotovo petina (18%) preduzetnika za njega nije ni čula, a kamoli da zna za njegovu aktivnost.

Drugo, Savet je od strane preduzetnika dobio nisku prosečnu ocenu – 2,4. Treće, rad Saveta ocenio je vrlo dobrom i odličnom ocenom tek svaki deseti privatni preduzetnik (9,6%).

Četvrto, Savet za borbu protiv korupcije najgore su ocenili – sa prosečnom ocenom 2,1 – preduzetnici iz Beograda (koji su zbog nešto veće informisanosti bili više upućeni u njegov rad), a nešto bolje preduzetnici iz centralne Srbije, odnosno s prosečnom ocenom 2,7. Preduzetnici iz Vojvodine u oceni rada Saveta za borbu protiv korupcije su na proseku.

Rezultat ovako niskih ocena Saveta za borbu protiv korupcije možemo tražiti, najverovatnije, u njegovoj maloj kompetentnosti, politizaciji i otporu samih vršilaca vlasti prema takvom telu i njegovom radu.

PREDUZETNIČKO OKRUŽENJE
I KORUPCIJA

Poznato je da između odsustva ekonomskih sloboda i korupcije postoji pozitivna korelacija, odnosno što je manje ekonomskih sloboda više je korupcije i obrnuto. Ako pođemo od činjenice da je jedan od elemenata ekonomskih sloboda poštovanje propisanih pravila igre, korupcija je, u suštini, narušavanje ovih pravila. I ukoliko se ta pravila igre više narušavaju više je korupcije i obrnuto. U isto vreme preduzetničko okruženje možemo definisati kao jedan od elemenata ekonomskih sloboda,[101] odnosno preduzetničko okruženje je u pozitivnoj korelaciji s ekonomskin slobodama. Ispitivani faktori poslovanja jedan su od elemenata ekonnomskih sloboda. Budući da preduzetničko okruženje obezbeđuje država sa svojim ustanovama - njegova procena je ujedno i procena državne vlasti, počev od lokalne (opštinske) pa sve do republičke, s jedne, i ustanova sistema, s druge strane.

Rezultati istraživanja, odnosno procene ekonomskih subjekata (merene srednjim vrednostima) kako pojedini faktori utiču na funkcionisanje i efikasnost poslovanja, u vremenskom periodu od pet godina (tabela 18. i slika 4) pokazuju:

Prvo, srednje vrednosti indeksa govore da je sada kao i pre pet godina evidentno odsustvo povoljne klime za razvoj preduzetništva.

Drugo, poslovna klima je sada u odnosu na pre pet godina poboljšana. To znači da su razna ograničavanja poslovne aktivnosti, ko-

---

[101] O ekonomskim slobodama vidi šire: Prokopijević, M., 2000, *Konstitucionalna ekonomija*, Epres, Beograd. Takođe: Fridman, M., 1997, *Kapitalizam i sloboda*, Global Book, Novi Sad, str. 27 – 48.

Tabela 18. Koliki problem predstavljaju sledeći faktori za funkcionisanje i razvoj Vašeg poslovanja? (1 – „nije problem", 4 – „veliki problem") – srednja vrednost –

	Godina	
	2001	2006
N	324	299
Ekonomska politika	3,4	2,9
Porezi i doprinosi	3,4	2,8
Inflacija	3,0	3,1
Korupcija	3,4	2,7
Monopolski potezi privatnih preduzeća	3,0	2,8
Monopolski potezi državnih preduzeća	3,1	2,6
Devizni kurs	2,8	2,9
Krupni kriminal	3,0	2,6
Razne inspekcijske službe	3,0	2,5
Ulični kriminal	2,9	2,6
Funkcionisanje pravosuđa	2,7	2,5
Infrastruktura	2,5	2,1

ja dominantno negativno utiči na razvoj preduzetništva, u gotovo svim segmentima daleko manja. Preduzetnici procenjuju da je sada, u odnosu na pre pet godina, ekonomska politika bolja, porezi i doprinosi niži, zatim da razne inspekcijske službe i pravosuđe bolje funkcionišu i infrastruktura im stvara nešto manje problema.

Treće, krupnog i uličnog kriminala je sada, u odnosu na pre pet godina, manje, odnosno, po izjavama preduzetnika, 10% do 15%, što je slučaj i sa korupcijom, ali u nešto većem procentu.

Četvrto, nasuprot ovome, sada su nešto lošije procenjena inflacija i devizni kurs. To znači da veliki deo njih smatra da je devizni kurs nerealan i da se inflacija mogla više držati pod kontrolom.

Sledeći problem, koji nas je zanimao, jeste međusobni odnos učesnika na tržištu. To ujedno govori o opštem stanju u poslovnom okruženju. Kada uporedimo podatke iz 2006. sa podacima iz 2001. godine jasno je da su se, najopštije rečeno, odnosi između konkurenata poboljšali (tabela 19. i sl 5). Ti podaci govore kako o poslovnom okruženju tako i njima samima.

Slika 4. Koliki problem predstavljaju sledeći faktori za funkcionisanje i razvoj Vašeg poslovanja? (1 – nije problem, 4 – veliki problem) – srednja vrednost

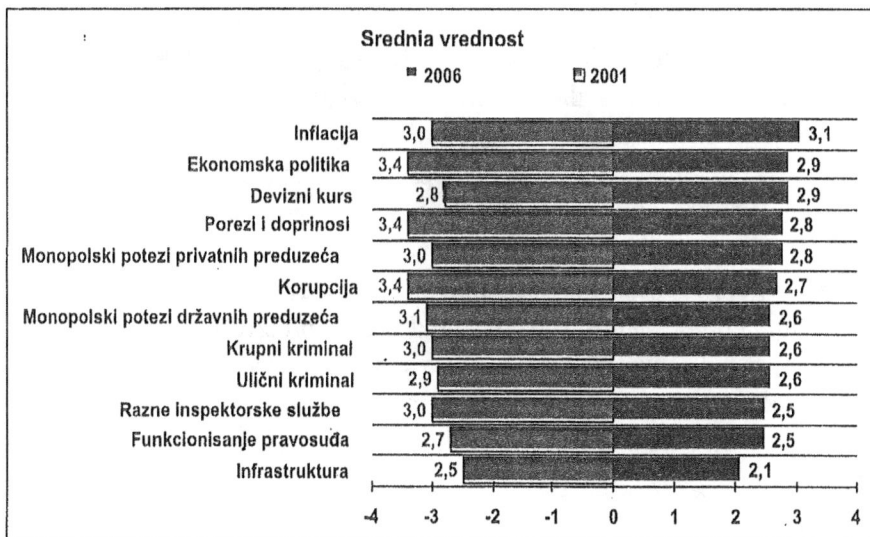

Srednia vrednost
■ 2006   ▣ 2001

	2006	2001
Inflacija	3,0	3,1
Ekonomska politika	3,4	2,9
Devizni kurs	2,8	2,9
Porezi i doprinosi	3,4	2,8
Monopolski potezi privatnih preduzeća	3,0	2,8
Korupcija	3,4	2,7
Monopolski potezi državnih preduzeća	3,1	2,6
Krupni kriminal	3,0	2,6
Ulični kriminal	2,9	2,6
Razne inspektorske službe	3,0	2,5
Funkcionisanje pravosuđa	2,7	2,5
Infrastruktura	2,5	2,1

-4 -3 -2 -1 0 1 2 3 4

Tabela 19. Koliko ozbiljan problem za Vaše preduzeće/radnju predstavljaju navedeni postupci Vaših konkurenata? (1- „nije problem"; 4 – „veliki problem") -srednja vrednost-

	Godina	
	2001	2006
N	315	289
Nelojalna konkurencija domaćih proizvođača	3.1	2.7
Izbegavaju plaćanje doprinosa	3.1	2.6
Izbegavaju plaćanje poreza	3.0	2.6
Imaju olakšice, odnosno subvencije	3.0	2.5
Imaju povoljne uslove kreditiranja	3.1	2.4
Ne plaćaju carinu	3.0	2.2
Inostrani proizvođači prodaju ispod međunarodnih cena	2.6	2.5
Trude se da mi ograniče pristup kreditu ili drugim pogodnostima	2.5	2.2
Krše moja autorska prava ili zaštitni znak	2.4	2.2

Osnovni rezultati ovog dela istraživanja mogu se sumirati u nekoliko tačaka:

Prvo, nivo poslovnog morala između ekonomskih subjekata je poboljšan, ali pojedine srednje vrednosti su i dalje visoke. To govori o nedovoljnoj svesti građana i ekonomskih subjekata, i „lenjosti" države (budući da je za poštovanje pravila igre država zadužena). Na prvom mestu se našlo nelojalna konkurencija i izbegavanje plaćanja poreza i doprinosa, što mnoge privrednike stavlja u neravnopravan položaj. Na dnu ove liste prigovora našli su se izbegavanje plaćanja carine, ograničavanje pristupa kreditima i drugim pogodnostima i kršenje autorskih prava i zaštitnog znaka.

Drugo, poboljšanje je došlo kod plaćanja carine i uslova kreditiranja a najmanje kod nelojalne konkurencije domaćih proizvođača. Ali bez obzira na to poboljšanje vrednosti indeksa su i dalje visoke.

Treće, stavke koje su pod uticajem države (carina, porezi, doprinosi) nisu po prvi put na listi prigovora privatnih preduzetnika, ali su i dalje u samom vrhu.

Slika 5. Koliko ozbiljan problem za vaše preduzeće/radnju predstavljaju navedeni postupci Vaših konkurenata?
(1- „nije problem"; 4 – „veliki problem")
– srednja vrednost –

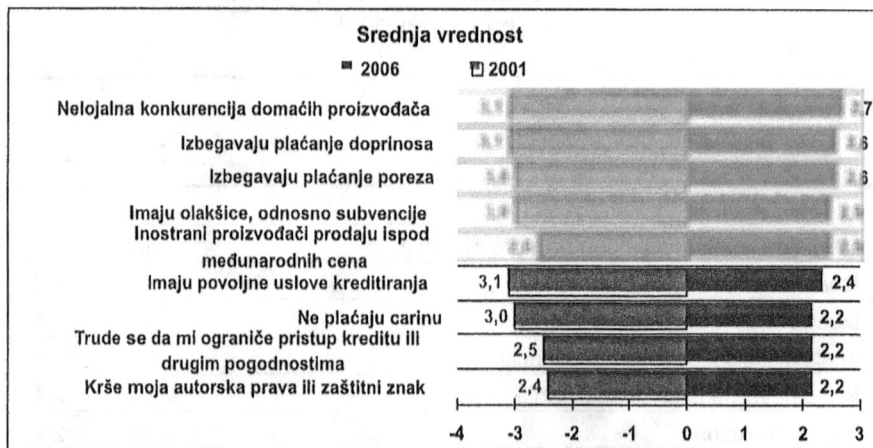

Kao posledicu povoljnijeg ekonomskog okruženja koje stvara država, i sami akteri na tržištu, uticali su, prema izjavama preduzetnika, da je celokupna ekonomska aktivnost živnula. To znači da su znatni je povećani ukupan prihod i investicije, zatim broj zaposlenih, uvoz i izvoz skromno porasli, a dugovanja su opala. Zanimljivo je napomenuti da se stavovi preduzetnika, ovom prilikom, u velikoj meri u globalnim crtama poklapaju s nezavisnim stručnim analizama. Samim tim i njihove procene i iskazi o korupciji postaju relevantniji, odnosno pouzdaniji. To u isto vreme posredno govori o poznatoj činjenici, za koju smo dobili i empirijsku potvrdu, koliko uređenje ekonomskog okruženja, i politička stabilnost utiču na ekonomske tokove.

Tabela 20. U poređenju sa periodom od pre pet godina, da li su Vam se sledeće stavke ...? – „Povećale"

	Godina	
	2001	2006
N	327	301
Investicije	27	46
Dugovanja	36	30
Ukupan prihod (u EURIMA)	23	35
Broj zaposlenih	20	25
Uvoz	05	11
Izvoz	04	06

Tabela 21. U poređenju sa periodom od pre pet godina, da li su Vam se sledeće stavke ...? – „Smanjile"

	Godina	
	2001	2006
N	327	301
Ukupan prihod (u EURIMA)	50	38
Investicije	39	19
Broj zaposlenih	22	16
Dugovanja	17	12
Uvoz	10	09
Izvoz	08	07

TIPOVI KORUPCIJE

Kao što smo u uvodu naglasili, zavisno od toga kako se ostvaruje, krši i donosi pravo, razlikuju se tri osnovna tipa korupcije: korupcija radi dobijanja prava, korupcija radi kršenja prava (zakona) i korupcija radi menjanja prava (zakona). Kako po tom pitanju stoje stvari nakon pet godina, odnosno uporedne rezultate tog dela istraživanja prikazali smo na tabeli 22.

Tabela 22. Korupcija radi dobijanja prava, kršenja zakona i menjanja zakona (u%)

	dobijanje prava		kršenje zakona		menjanje zakona	
	2001	2006	2001	2006	2001	2006
N	327	301	327	301	327	301
Uključenje telefona ili struje	53	38	18	27	5	5
Dozvola za rad	46	35	22	29	7	8
Registrovanje preduzeća	38	34	23	29	11	6
Dobijanje ugovora sa lokalnim vlastima	39	24	19	33	6	9
Dobijanje lokacije (zemljišta)	36	27	28	33	8	9
Dobijanje ugovora sa državnim preduzećem	37	21	20	30	6	6
Urbanistička inspekcija	30	27	32	35	9	8
Sanitarna inspekcija	29	25	36	36	9	6
Poreska uprava	25	27	42	38	10	9
Dobijanje ugovora sa Vladom	27	22	17	28	7	6
Finansijska policija	25	20	46	40	9	10
Devizno poslovanje i inspekcija	17	20	29	35	7	5

Uporedna analiza emporijskih podataka iz 2001. i 2006. godine govori:

Prvo, korupcija radi *dobijanja prava* (definisana zakonom ili podzakonskim aktom) u mnogim segmentima je znatno smanjena. To smanjenje je najveće u sledećim segmentima: uključenje telefona i struje, dobijanje ugovora s državnim preduzećem, dobijanje ugovora s lokalnim vlastima i dobijanje dozvole za rad. Sada su nešto gore prošli, ali statistički bez značaja, poreska uprava, devizno poslovanje i inspekcija. To znači da, zbog češćeg otkrivanja i procesuiranja prekršioca, i pooštrenih sankcija, javni službenici, iz straha od sankcija za svoju eventualnu korupcionašku delatnost, nešto reće pribegavaju primanju ili iznuđivanju mita za posao koji su dužni da obave. Drugi razlog tome je, iako ne od posebne važnosti, poboljšana materijalna situacija javnih službenika. I treći razlog smanjenja korupcije radi dobijanja prava, koji nije zanemarljiv, jeste da mediji češće i „transparentnije" izveštavaju o korupociji i o merama za njeno suzbijanje.

Drugo, korupcija radi *kršenja prava* (zakona i podzakonskih akata) ostala je, kada se sve uzme u obzir, na približno istom nivou, kao i pre pet godina, s tim da se u nekim segmetima povećala, a u drugim smanjila. Ono gde imamo neko povećanje jeste dobijanje ugovora s lokalnim vlastima i dobijanja ugovora s Vladom, odnosno njenim ministarstvima i službama, zatim dobijanje ugovora s državnim preduzećem i uključenje telefona i struje. Preciznije rečeno, u svim onim slučajevima gde su velike sume novca u igri i gde se poslovi sklapaju daleko od očiju javnosti. To znači da se korupcija na višim nivoima, zbog njihove veće moći i njihove interesne i personalne povezanosti s institucijama sistema i vršiocima vlasti, kako koruptora tako i korumpiranih, teže slama, zbog veće političke ili, pak, medijske zaštite i jednih i drugih.[102]

---

[102] Poznato je da pojedine, sa političkog stanovišta beznačajne, ličnosti (naročito zagovornici podele društva na „dve Srbije") imaju značajnu medijsku podršku, a mnogi od njih i inostranu (najčešće američko-britansku) zaštitu. Zato, kada se pokrene i nagoveštaj procesuiranja njihove sumnjive delatnosti, podiže se velika halabuka.

Treće, korupcija radi *menjanja prava*, odnosno zakona ili mnogobrojnih podzakonskih akata takođe je ostala na istom nivou kao i pre pet godina. Postoje u pojedinim oblastima izvesna pomeranja (u oba pravca - na bolje ili na gore) ali ona, takođe, statistički nisu značajna.

Četvrto, ovo potvrđuje našu ranije izloženu tezu da obim korupcije u društvima u tranziciji *zavisi* od nivoa *poštovanja prava*, kako od strane vršilaca vlasti i javnih službenika, tako i građana, i sposobnosti države i njenih institucija da primenjuje pravo.

Kad je reč o ova tri tipa korupcije u javnomnjenskim istraživanjima dobijen je nešto drugačiji poredak koji takođe govori da se u srpskom društvu dešavaju neke promene a koje nisu u potpunosti u javnom mnjenju artikulisane, ili zbog opšte društvene konfuzije u potpunosti i shvaćene. Naime, na prvom mestu se našla korupcija za ostvarivanje prava, zatim korupcija za promenu prava i na kraju korupcija za kršenje prava. Zanimljivo je da sada, 2006. godine, gotovo trećina (32,0%) građana smatra da je korupcija za menjanje prava raširena, dok je takvih 2001 godine bilo nepuna četvrtina (24,1%). To potvrđuje našu tezu, iako je reč samo o najavama, da će se s učvršćenjem pravnog sistema i poštovanja prava kako od strane građana tako i političke elite povećavati korupcija za menjanje zakona ili raznih podzakonskih akata, budući da će korupcija za kršenje prava češće dolaziti, bez obzira o kome je reč, pod udar zakonskih sankcija i povećane verovatnoće da će te sankcije biti i izvršene.

Tabela 23 Najopasniji oblik korupcije

	2001	2006
N	1632	1243
Korupcija u cilju promene postojećih zakonskih normi	44,2	50,1
Korupcija u cilju zaobilaženja ili izbegavanja poštovanja zakona	30,7	33,8
Korupcija u cilju ostvarivanja zakonom zagarantovanih prava	8,6	10,9
Ne zna / Odbija	16,5	5,2
Total	100	100

Javnomnjenska istraživanja (tabela 23) u potpunosti potvrđuju na-
še kako ranije tako i kasnije izloženo tumačenje o opasnosti tri tipa
korupcije po postojeći pravni, društveno-politički i ekonomski pore-
dak. Ona, takođe, pokazuju da je po postojeći sistem najopasniji oblik
korupcije za menjanje prava (promena zakonskih ili podzakonskih
normi uz pomoć korupcije), zatim korupcija za kršenje prava (zaobi-
laženje ili izbegavanje poštovanja zakona) i na kraju korupcija za do-
bijanje prava (ostvarivanje zakonom zagarantovanih prava), u čemu
postoji potpuna saglasnost kod svih kategorija ispitanika. To znači da
nema statistički značajnih razlika s obzirom na pol, godine života,
obrazovanje i socijalno poreklo (zanimanje oca). Gotovo da je identi-
čna situacija kad je reč i o zanimanju, s jednim malim izuzetkom, od-
nosno nezaposleni od ostalih nešto češće smatraju da je češća korup-
cija za ostvarivanje prava, što se može tumačiti refleksijom sopstvne
situacije.

ZAKLJUČAK

Osnovni uzroci korupcije u srpskom društvu, najkraće rečeno, su: odsustvo vladavine prava (politički pritisak na pravosuđe, neodgovarajuće zakonodavstvo, nizak nivo poštovanja zakona, selektivna primena prava, blaga (neprimerena težini problema i posledicama koje proizvodi) kaznena politika, prekomerno odugovlačenje dobijanja prava i slično), još uvek snažan upliv države a posebno stranaka u ekonomske tokove, poremećaj društvenih vrednosti, odnosno anomija i sveopšta moralna kriza, neprofesionalna i nekompetentna državna birokratija, zatim velika nezaposlenost, siromaštvo, koji su zahvatili celo društvo ili njegove ključne segmente, u izvesnoj meri odsustvo jasne perspektive i načina izlaska iz dugotrajne krize države i društva. Zatim, neodgovorna politička elita, divlja privatizacija i duga i bolna tranzicija, odnosno prelazak iz socijalizam u kapitalizam.

Naravno, tu se ne mogu isključiti razbijanje druge Jugoslavije, zatim rat u okruženju, ekonomske i političke sankcije, NATO agresija i, na kraju, stalna uslovljavanja Srbije od strane tzv. „međunarodne zajednice" i proširivanje tih uslovljavanja radi postizanja političkih ustupaka ili opravdanja ranijih postupaka, na ovim prostorima, velikih sila Zapada. To usporava stabilizaciju srpskog društva i okretanje ljudskih resursa rešavanju brojnih aktelnih problema države i društva. Svi ti činioci nepovoljno su uticali na institucionalnu stabilnost društva. Razorene su postojeće ustanove društva, a zbog unutrašnjih političkih sukoba i zaplene države od strane političke elite sporo su se obnavljale, što nepovoljno utiče i na moralnu otpornost građana i moralni oporavak srpskog društva, a samim tim i na smanjenje korupcije (i kriminala). Zato nema žestokoh moralnih osuda ni kriminala ni korupcije. Istraživanje je pokazalo da je poverenje u mnoge institucije društva, kao i pre pet godina, ostalo na niskom nivou, ili je, čak, u nekim slučajevima opalo. To govori o prevelikim ili izneverenim očekivanjima građana i ekonomskih subjekata od političkih promena započetih 2000. godine. Jedan od uzroka tog nepoverenja su spora reforma institucija i njihovo prilagođavanje novim društvenim uslovima. Sledeće uzroke možemo tražiti i u prevelikim i nerealnim obećanjima tadašnje opozicije a kasnije vlasti, u njenom učešću, kao vršioca vlasti, u mnogim kriminalnim i korupcionaškim aferama, i neispunjenim obećanjima „međnarodne zajednice" kada, i ako, do tih promena dođe.

Rezultati istraživanja, takođe, nedvosmisleno pokazuju da je za prethodnih pet godina korupcija u Srbiji smanjena, sem kad je reč, prema mišljenju građana, o korupciji u političkim strankama. A to je, kada je reč o tranzicionom društvu kao što je srpsko, veliki napredak. Iznetu konstataciju ne potvrđuje samo jedan ili nekoliko empirijskih pokazatelja već, kao što smo videli, na desetine. To znači da je korupcija smanjena u gotovo svim segmentima srpskog društva. Kada uporedimo srednje vrednosti raširenosti korupcije, prema iskustvu preduzetnika, one su 2006. u odnosu na 2001. godine manje od 15% do 30%, zavisno od pojedinih segmenta društva u kojima je ona istraživana i zavisno od usvojenih pokazatelja. Ali ona, bez obzira na to smanjenje, i dalje ugrožava stabilnost institucija sistema, odnosno i dalje je veća nego što to može da podnese, za razliku od mnogih zapadnih društava, normalno funkcionisanje njegovih institucija.

Procene ekonomskih subjekata nedvosmisleno govore da su faktori koji utiču na preduzetničko okruženje u poslednjih pet godina znatno poboljšani. To se pre svega odnosi na one činioce koje je država dužna da obezbedi, kao što su ukupna ekonomska politika, ravnomerniji raspored poreza i doprinosa (ranije ih mnogi nisu plaćali), inspekcijske službe i pravosuđe bolje funkcionišu i slično. Istovremeno smanjeni su kriminal i korupcija. Pored izloženog i poslovni moral preduzetnika, po sopstvenim izjavama, na uzlaznoj je liniji.

Za prethodnih pet godina, kada je reč o njenim tipovima, najviše je smanjena korupcija za *ostvarivanje* prava. A to znači ona sitna. Nasuprot tome, korupcija radi *kršenja* zakona i korupcija radi *menjanja* zakona u većoj ili manjoj meri stagniraju. Prvo, to, pre svega, znači da se zbog oštrije kaznene politike smanjuje sitna korupcija, zapravo ona koja najviše „bode oči" građanima i koja se najlakše suzbija i u kojoj nisu uključeni politički moćnici i visoki državni činovnici. Drugo značenje interpretiranih podataka govori da u Srbiji, shodno našoj početnoj tezi o tri tipa korupcije, u izvesnom smislu sve više dolazi do izražaja, bez obzira koliko to teško išlo, princip proklamovane vladavine prava (zakona). Mada ne nešto spektakularno značajno, što se nije moglo ni očekivati.

LITERATURA

Acemoglu, D. an Verdier, T. (1998), „The Choice Between Market Failures and Corruption", *Working Paper*, Oktober.

Albrecht, A. (1989), „Pravna država", *Gledišta*, god. 30, br. 10-12.

Анкета JJC 122/97, изворни материјал, ИДН, Београд.

Анкета JJC/127/97, изворни материјал, ИДН, Београд.

Antonić, S. (2002), „Stanje demokratskog poretka u Srbiji", *Bilans promena*, SO Kikinda i Nar. bib. „Jovan Popović", Kikinda.

Антонић, Д., Бабовић, Б., Беговић, Б., Васовић, М., Вацић, З., Вуковић, С., Ивошевић, З., Кавран, Д., Мијатовић, Б., Стојановић, Б. и Драгор, X. (2001), *Коруйција у Србији*, ЦЛДС, Београд.

Aristotel (1970, *Nikomahova etika*, Kultura, Beograd.

Aristotel (1984), *Politika*, BIGZ, Beograd.

Antonić, S. „Srpski Sen Žist i petooktobarski montanjari", NIN, 21. 10. 2004.

Антонић, С. „Само их посматрам", НИН, 4. 11. 2004.

Antonić, S. (2003), *Nacija u strujama prošlosti*, Čigoja, Beograd.

Andrev, A. (1989), „Kriminal Justice and Deserued Sentences", *The Criminal Law Review*, no. 5.

Arčibald Rajs (2004), *Čujte Srbi! Čuvajte se sebe*, Fond „Dr Arčibald Rajs" - HOCS, Beograd – Cirih.

Arsić Ivkov, M. (2003), *Krivična estetika*, "Aurora"- CUPS, Novi Sad – Beograd.

Avramovski, Ž. (1986), *Britanci o Kraljevini Jugoslaviji*, knj. I, Arhiv Jugoslavije – Globus, Beograd–Zagreb.

Babić, J. (1997), „Posao i moral", *Ekonomika*, vol. 33, no. 3-4 i 5-6.

Бабић, J. (1998), *Морал и наше време*, Просвета, Београд.

Baćević. Lj. (2002), „Godine našeg (ne)zadovoljstva", u: *Bilans promena*, S O Kikinda i Nar. bibliot. „Jovan Popović", Kikinda.

Basta, L.(1984), *Politika o granicama prava – Studija o anglosanksonskom konstitucionalizmu*, Beograd.

Баста, Д. (2002), „Праведност као врлина судије", *Билиен судске ираксе*, но. 4, Београд.

База йодайака (1996), Републичка агенција за процену вредности друштвеног капитала, Београд.

Baza podataka (2004), Centar za javno mnenje IDN, Beograd.

Беговић, Б., Васовић, М., Вуковић, С., Мијатовић, Б., и Сепи, Р. (2002), *Коруйција на царини*, ЦЛДС, Београд.

Беговић, Б., Васовић, М., Вуковић, С., Карамарковић, Л., Мијатовић, Б., Симић, А., Хибер, Д. и др.(2004), *Коруйција у йравосуђу*, ЦЛДС,

Bela knjiga Miloševićeve vladavine (2000), G 17 plus, Beograd.

Београд.

Bolčić, S. (2003), „Iseljavanje radne snage i 'odliv mozgova' iz Srbije tokom 90- ih", u: *Srbija krajem milenijuma*, ISI FF u Beogradu, Beograd.

Breban, G. (2002), *Administrativno pravo Francuske*, CID-Službeni lisr SRJ, Podgorica - Beograd.

Брдар, М. (2004), „Основне стратегије транзиције и њихова логика: актери, алтернативе и перспективе", *Социолошки йреглед*, год. 38. но. 3.

Bek, U. (2001), *Rizično društvo*, „Filip Višnjić", Beograd.

Beccaria, Cesare (1990), *O zločinima i kaznama*, Književni krug, Split.

Беговић, Б., Васовић, М., Вуковић, С., Мијатовић, Б. и Сепи, Р. (2002), *Коруйција на царини*, ЦЛДС, Београд.

Билиен судске ираксе, (2002), но. 1, Београд.

Билиен судске ираксе, (2002), но. 2, Београд.

Билиен судске ираксе, (2002), но. 3, Београд.

Билиен судске ираксе, (2002), но. 4, Београд.

Brdar, M. (2002), „Perspektive institucionalnih reformi u Srbiji posle 5. oktobra 2000", u: *(Re)konstrukcija institucija*, Institut za filozofiju i društvenu teoriju, Beograd.

Corruption Indexes (2001), Vitocha Research, Sofia.

Chevallier, J. (1995), „Teorija pravne države", *Pravni život*, God. 44, no. 1-2.

Community as Victims of Fraud and Crime, *Security Journal*, 7.

Corruption Indexes (2001), Coalition 2000, Sofia.

Чавошки, К. (1994), *Право као умеће слободе – Оглед о владавини права*, Драганић, Београд.

Čavoški, K. (1995), „Tumačenje i individualizacija prava zarad pravičnosti", *Pravni život*, no. 12.

Čavoški, K. (2000), „Pravosuđe, pravo i pravda", u: *Ustavnost i vladavina prava*, str. 407

Чавошки, К. (2000), „Самовоља у руху права", у: *Уставност и владавина права*, ЦУПС, Београд.

Čavoški K. (2003), *Zgaženi ustav*, „Nikola Pašić", Beograd.

Дел Векио, Ђ. (1940), *Право, правда и држава*, Геца Кон, Београд.

Dicey, A. V. (1885), *Introduction to the Study of the Law of the Constitution*, London.

Диркем, Е. (1972), *О подели друштвеног рада*, Просвета, Београд.

Dirkem, E. (1977), *Samoubistvo*, BIGZ, Beograd.

Дворкин, Р. (1998), „Слобода, једнакост и заједништво", у: *Савремена политичка филозофија*, ур. J. Киш, Изд. књиж. Зорана Стојановића, Нови Сад.

Dvorkin, R.(2003), *Carstvo prava*, „Filip Višnjić", Beograd.

Dvorkin, R. (2001), *Suština individualnih prava*, Službeni list SRJ - CID, Beograd – Podgorica.

Dušanov zakonik, Bistrički prepis, prevod. D. Bogdanović.

Đorđević, M. (2000), *Sedam levih godina*, Naš Dom, Beograd.

Eliot, S. (1962), *Zločin u savremenom društvu*, Svjetlost, Sarajevo.

Elster, Jon and Slagstal, Rune (eds.), *Constitucionalism and Democracy*, Cambridge Univ. Press.

Fridman, M. (1997), *Kapitalizam i sloboda*, Global Book, Novi Sad.

Фуко, М. (1997), *Надзирати и кажњавати*, Просвета, Београд.

Fuler, L. L. (1999), *Moralnost prava*, CID, Podgorica.

Gredelj, S. (2006), „Pokvarenjaci 1982. i psi čuvari", u: *Naše teme*, br. 02.

Gaj, *Institucije*, Nolit, Beograd,

Говорухин, С. (1995), *Велика криминална револуција*, „Филип Вишњић", Београд.

Грубач, М. (2006), „Путеви и странпутице реформе јавног тужилаштва у Србији", *Архив за правне и друштвене науке*, год. XCIII, бр. 3-4.

Hajek, A. F. (2002), *Pravo, zakonodavstvo i sloboda*, Službeni list SRJ – CID, Beograd – Podgorica.

Hart, L. A. H. (1994), *Pojam prava*, CID, Podgorica – Cetinje.

Hanke, H. S., Wolters, J. K. S. (1997), „Economic Freedom, Prosperity and Equality: A Survey", *Cato Jurnal*, Vol. 17. no. 2, Web sate: http://www Cato.org/home.html.

Hayek, F. A. (1998), *Poredak slobode,* Global Book, Novi Sad.

Хесиод, *Послови и дани*, Драганић, Београд, 1998.

Hiršman, A. (1999), *Strasti i interesi,* „Filip Višnjić", Beograd.

Хибер-Симовић, И. (1995), „Кривична одговорност правних лица и привредни пртеступи: Да ли је разликовање само терминолошке природеа?", *Анали правног факултета у Београду*, бр. 5.

Хомер, *Илијада*, Матица српска, Нови Сад.

Хумболт, В. (1991), *Идеја за покушај одређивања граница делотворности државе*, Изд. књиж. Зорана Стојановића, Сремски Карловци.

Ignjatović, Đ. (2007), *Kriminologija,* Dosije, Beograd.

Ignjatović, Đ. (2007), „Kriminološki aspekti tranzicije", u: *Kriminalitet u tranziciji: fenomenologija, prevencija i državna reakcije*, Institut za kriminološka i sociološka istraživanja, Beograd, str. 14.

Ivošević Z. (1999), *Ne pristajem*, Ivanović -Tadić, Beograd.

Ivošević, Z. (2002), „Nezavisno i pravedno sudstvo u nezavisnoj Srbiji", u: *(Re)konstrukcija institucija.*

Yallop, David A. (1994), *In God's name. An Investigation in to the Murder of Pope John Paul I*, Toronto – New York – London.

Jeger, V. (1991), *Paideia*, Novi Sad.

Jering, R. (1998), *Cilj u pravu*, CID – Službeni list SRJ, Podgorica – Beograd.

Justinijanova Digesta, Službeni glasnik, Beograd, 1997.

Kaufman, D. (1997), „The Missing Pillar of a Growth Strategy for Ukraine", *Ukraine: Acceleranting the Transition to Market*, Wašingrton, IMF.

Кауфман, А. (1998), *Право и разумевање права*, Гутенбергова галаксија, Београд

Kelzen, H. (1951), *Opšta teorija države i prava*, Arhiv za pravne i društvene nauke, Beograd.

Kelzen, H. (1995), „Šta je Pravda", *Pravni život*, no. 12.

Kelzen, H. (2001), *Glavni problemi teorije državnog prava*, Službeni list SRJ – CID, Beograd – Podgorica.

Kelzen, H. (2001), „Ko treba da bude čuvar ustava", u: *Norma i odluka. Karl Šmit i njegovi kritičari*, prip. S. Samardžić, „Filip Višnjić", Beograd.

Kožev, A. (1984), *Fenomenologija prava*, Nolit, Beograd.

Korupcija i razvoj moderne srpske države, 2006, Beograd.

Kulundžić, Z. (1968), *Politika i korupcija u kraljevskoj Jugoslaviji*, Stvarnost, Zagreb.

Kriza i obnova prava (1999), red. Z. Ivošević, CUPS, Beograd.

Kin, Dž. (1995), *Mediji i demokratija*, „Filip Višnjić", Beograd.

Концейција економске йолийике за 1995. йод., Савезно министарство за развој, науку и животну средину, Београд, 1995.

Kornvel, Dž. (2000), *Hitlerov papa*, Službeni list, Beograd.

Korupcija i podmićivanje, (2000), CPA, Beograd.

Коруйционни индекси, Межунегодна конференция, София, 23-24. март 2001.

Kožev, A. (1984), *Fenomenologija prava*, Nolit, Beograd.

Ksenofont, *Uspomene o Sokratu*, Kultura, Beograd, 1964.

Крстић, Г., Стојановић, Б. (2001), *Основе реформе йржишийа рада у Србији*, ЕИ, ЦЛДС, Београд.

Krstić G. (1998), „Uzroci i posledice sive ekonomije u Jugoslaviji", u: *Socijalna i politička tranzicija*, CPA-Socijalna misao, Beograd.

Kreća, M. (1994), „Par napomena o osnovnim elementima koncepcije rastakanja jugoslovenske federacije", *Sociološki pregled*, god. 28, no. 2, str. 213-223.

Lancaster, John „$ 77 Million Helps Foes of Milošević", *Washington Post*, 19. 09. 2000.

Linc, H. i Stepan, A. (1998), *Demokratska tranzicija i konsolidacija*, „Filip Višnjić", Beograd.

Maksimović, E. (2006), „Pravna etika u legislacionom procesu", *Zbornik Matice srpske za društvene nauke*, no. 120.

Mabbot, Dž. D. (1981), *Uvod u etiku*, Nolit, Beograd.

Makijaveli, N., „Rasprava o prvoj dekadi Tita Livija", *Izabrano djelo*, sv. I, Globus, Zagreb, 1985.

Maršal, T. (2002), *Igre senki*, Samoizdat B92, Beograd.

113

Маџар, Љ. (2000), *Политички узроци сиромаштва*, Изд. књиж. Зорана Стојановића, Сремски Карловци – Нови Сад.

Mihels, R. (1949), *First Lectures in Political Sociology*, Minneapolis: University of Minnesota Press.

Mijatović, B. (2000), „Korupcija: od regulacije do kleptokratije", u: *Sistem i korupcija*, IDN, Beograd.

Mills W. (1979), *Bijeli ovratnik*, Naprijed, Zagreb.

Milovanović, M. (2000), „Korupcija u uslovima prirodnog monopola", u: *Sistem i korupcija*, IDN, Beograd.

Милутиновић, М. (1990), *Криминологија*, Савремена администрација, Београд.

Monitoring the EU Accession Process: Corruption and Anti-corruption Policy (2002), Open Society Institute, Budapest.

Mises, L. (1999), *Od plana do haosa,* Global Book, Novi Sad.

Monteskje (1989), *O duhu zakona*, „Filip Višnjić", Beograd.

Momirović, K. i dr. (1991), „Uticaj razvoja socijalnih i personalnih medijatora na kriminalno ponašanje", *Zbornik IKSI*, god. 19. no. 1-2.

Mrkšić, D. (1990), „Preferiranje društvenih sistema", *Sociološki pregled*, vol. 28, no. 1, str. 27-36

Mrvić-Petrović, N. i Ćirić, J. (2004), *Sukob javnog i privatnog interesa*, VIZ – Institut za uporedno pravo, Beograd.

Mur, Dž. E. (1998), *Principi etike*, Plato, Beograd.

Нејгел, Т. (1998), „Морални конфликт и политички легитимитет", у: *Савремена политичка философија*, Издавачка књижница Зорана Стојановића, Сремски Карловци.

Nikolić, O. (1995), „Nezavisnost ustavnog sudstva i položaj sudija ustavnih sudova", *Pravni život*, no. 12.

Nojman, F. (2002), *Vladavina prava*, „Filip Višnjić", Beograd.

Negel. W. (1971), „The English Sentencing Sistem", *The Criminal Law Review*, no. 10.

Нова српска политичка мисао, посебно издање, „Споразум из Рамбујеа", бр. 2/1999.

Нови Завет (Јеванђеље по Јовану), Београд.

Николић, К. (2002), „О црвеном терору у Србији после Другог светског рата", *Историја 20. века*, год. 20, бр. 2.

Општа декларација о правима човека УН из 1948.

Paund, R. (2000), *Jurisprudencija*, t. I, II i II, CID – Službeni list SRJ, Podgorica – Beograd.

Paund, R. (1996), *Uvod u filozofiju prava*, CID, Podgorica.

Pantić, D. (2002), „Vrednosti birača pre i posle demokratskog preokreta 2000. godine", u: *Partijska scena Srbije posle 5. oktobra 2000*, IDN-Fridrih Ebert Stifung, Beograd.

Pantić, D., (2003), „Kulturno-vrednosni rascepi kao determinante partijskog pregrupisavanja u Srbiji", u: *Osnovne linije partijskih podela*, IDN, Beograd.

Pavlović, M. (1997), *Srpsko selo 1945-1950. Otkup*, ISI, Beograd.

Pad Miloševića, film BBC, B92, 3. 2. 2003.

Perelman, H. (1983), *Pravo, moral i filozofija*, Nolit, Beograd.

Плутарх, *Славни ликови антике*, Матица српска, Нови Сад, 1978.

Plutarh, *Uporedni životopisi*, August Cesarec, Zagreb, 1988.

Ponti,G. (1980), *Kriminologija*, Milano.

Primorac, I. (1976), *Prestup i kazna*, Mladost, Beograd.

Prokopijević, M. (2000), *Konstitucionalna ekonomija*, Epres, Beograd.

Prokopijević, M. (red.), (2002), *Dve godine reforme u Srbiji: propuštena prilika*, Centar za slobodno tržište, Beograd.

PULS, Septebbar-oktobar, 2004.

Radbruh, Gustav (1980), *Filozofija prava*, Nolit, Beograd.

Radonić, J. (1950), *Rimska kurija i južnoslovenske zemlje od XVI do XIX veka*, SAN, Beograd.

Raz, Dž. (2005), *Etika u javnom domenu*, CID, Podgorica.

Rend, A. (1994), *Kapitalizam kao nepoznati ideal*, Global Book, Novi Sad.

(Re)konstrukcija institucija, Institut za filozofiju i društvenu teoriju, Beograd, 2002.

Rols, Dž. (1998), *Politički liberalizam*, „Filip Višnjić", Beograd.

Rols, Dž. (1998), *Teorija pravde*, Službeni list SRJ – CID, Pbeograd – Podgorica.

Ros, A., (1996), *Pravo i pravda*, CID, Podgorica.

Ruche, G. I Kircheimer, O. (1984), *Kazna i društvena struktura*, Visio mundi, Novi Sad.

Savinji, F. K.,1998, *Zakonodavstvo i pravna nauka*, CID, Podgorica.

Sekelj, L., „Država kao plen. Šta je DOS obećao – i šta je uradio", „Danas", 19-20. 5. 2001.

Секељ, Л., „Политбиро ДОС-а влада државом", интервју, „Глас јавности", 27. 5. 2001.

Sellin, T. (1960), „L' effetintimidont de la peine", *Revue de science criminalle et de droit penel compare*, no. 4.

Shelley, L. (1995), „Post Soviet organized crime and the successor states", *International annals of criminology*, vol. 33, no. 1-2.

Shklar, J. N. (1995), „Politička teorija i vladavina prava", *Pravni život,* god. 44, no. 1-2.

Slavujević, Đ. Z. (1999), „Delegitimacija sistema i njegovih institucija", u: Slavujević, Đ. Z: Mihailović, S, *Dva ogleda o legitimitetu*, IDN, Beograd.

Statistički godišnjak Kraljevine Jugoslavije za 1937 i 1940.

Stanojević, O. (1982), „Gaj i njegove institucije", u: Gaj, *Institucije*, Nolit, Beograd.

Станојевић, О. (2002), *Римско ūраво*, Досије, Београд.

Становчић, В. (2002), „Како рехабилитовати друштвене институције", *Призма,* мај.

Stojčić, A. (1981), „Kazneno-popravna zaštita društvene svojine", *Pravna misao,* no. 9-10.

Stojanović, B. (2000), „O institucionalnim uzrocima korupcije", u: *Sistem i korupcija*, IDN, Beograd.

Stanojević, O. – Orlić, M. (1993), *Stvarno pravo,* Službeni list SRJ, Beograd.

Stojanović, Z. (2006), „Pravna zabluda u novom Krivičnom zakoniku", *Revija za kriminologiju i krivično pravo*, vol.44, br. 3.

Sutherland, H. E. (1963), *Principles of Criminology*, Revised, Chicago-Philadelphia-New York.

Sellin, T. (1960), „L' effetintimidont de la peine", *Revue de science criminalle et de droit penel compare*, no. 4.

Shelley, L. (1995), „Post Soviet organized crime and the successor states", *International annals of criminology*, vol. 33, no. 1-2.

Shklar, J. N. (1995), „Politička teorija i vladavina prava", *Pravni život,* god. 44, no. 1-2.

Slavujević, Đ. Z. (1999), „Delegitimacija sistema i njegovih institucija", u: Slavujević, Đ. Z: Mihailović, S, *Dva ogleda o legitimitetu*, IDN, Beograd.

Сūари завеū, Књига о Јову, Београд.

Stojčić, A. (1981), „Kazneno-popravna zaštita društvene svojine", *Pravna misao,* no. 9-10.

LITERATURA

Stojanović, B. (2000), „O institucionalnim uzrocima korupcije", u: *Sistem i korupcija*, IDN, Beograd.

Stojadinović, M. M. (1990), *Ni rat ni pakt*, „Otokar Keršovani", Rijeka.

Sutherland, E. (1973), *On Analyzing Crime*, Chicago.

Sutherland, H. E. (1963), *Principles of Criminology*, Revised, Chicago-Philadelphia-New York.

Sučević, P. B. (1950), „Severinska buna 1755", *Vojnoistorijski glasnik*, br. 2.

Свети Сава (2005), *Сабрана дела*, Политика, Београд.

Shelley, L. (1995), „Post Soviet organized crime and the successor states", *International annals of criminology*, vol. 33, no. 1-2.

Shklar, J. N. (1995), „Politička teorija i vladavina prava", *Pravni život*, god. 44, no. 1-2.

Stojanović, B. (2000), „O institucionalnim uzrocima korupcije", u: *Sistem i korupcija*, IDN, Beograd.

Tadić, Lj. (1996), *Filozofija prava*, Zavod za udžbenike, Beograd.

Tanzi,V., „Corruption Around the World: Causses Consequences, Scope and Cures", *IMF Steff Papers*, Vol. 45, no. 4.

Тејлор, Ч. (1998), „Неспоразуми: расправа између либерала и комунитариста" у: *Савремена политичка филозофија*, Издавачка књижарница Зорана Стојановића, Сремски Карловци.

Teorije o društvu, (1969), ur. T. Parsons, Vuk Karadžić, Beograd.

Tukidid (1957), *Povijest peloponeskog rata*, Matica hrvatska, Zagreb.

The Economist Intelligence Unit: Yugoslavia, juli 2002, п.7; Balkan Times (www.balkantimes.com/resourse center2/sebianLatin/countri info yugoslavia.htm); The Vienna Institute for International Economic Studies.

The Law and the Constitution, London, 1933.

Todorova, M. (1999), *Imaginarni Balkan,* XX vek, Beograd.

Трипковић, М. (2002), „Регионализација и мултикултуралност у социолошкој преспективи", *Социолошки преглед*, год. 36, но. 1-2.

Ćirić, J., Đorđević, Đ. (1998), „Jedan pogled na aktuelne statistike kriminaliteta Jugoslavije", *Jugoslovenska revija za kriminologiju i krivično pravo*, god. 36, no. 2.

Ćirić, J. (2001), *Društveni uticaji na kaznenu politiku*, VIZ - Institut za uporedno pravo, Beograd.

Ћирић, Ј. (2005), „Држава и организовани криминал", *Социолошки йреглед*, vol. 39, no. 3, стр. 265-289. (htp://www. socioloskipregled. org.yu)

Ћирић, Ј. (2006), „О феномену косовске мафије", *Социолошки йреглед*, vol. 40, no. 1. стр. 33-56. (htp://www.socioloskipregled.org.yu).

Ćirić, J.i dr. (2006), *Javni tužioci i njihova uloga u uspostavljanju vladavine prava*, Centar za mir i razvoj demokratije, Beograd

Ustavnost i vladavina prava (2000), prir. K. Čavoški, CUPS, Beograd

Van Dijk, J. J., Terlouw, G. J. (1996), „An internationa Perspective of the Business Community as Victims of Fraud and Crime", *Security Journal*, no. 7.

Васић, Р. (2000), „Принцип владавине права", у: *Усйавносй и владавина йрава*, ЦУПС, Београд.

Vasović, M. (2000), „Moralna klima, anomija i korupcija", u: *Sistem i korupcija*, IDN, Beograd.

Васовић, М. (2007), „Представе о корупцији 2001-2006: ефекат политизације", *Социолошки йреглед*, год. 41, но. 2.

Vasović, M. i Kuzmanović, B. (2001), „Vrednosni prioriteti zaposlenih", u: *Sindikati srbije od sukoba do saradnje*, Fridrih Ebert Stiftung, Beograd.

Veber, M. (1976), *Privreda i društvo*, tom I, Prosveta, Beograd.

Vico, Đ. B. (1981), *Načela Nove znanosti*, Naprijed, Zagreb.

Vidojević, Z., „Srbija između hleba, (ne)slobode i nove autoritarnosti", *Bilans promena* (2002), SO Kikinda i Nar. bib. „Jovan Popović", Kikinda.

Volcer, M. (2000), *Područje pravde*, „Filip Višnjić", Beograd.

Von Bar, C. L. (1916), *A History of Continental Criminal Law*, Boston.

Врховшек, М. (2006), „О неопходности увођења кривичне одговорности правних лица у казнено правни систем Србије", *Архив за йравне и друшйвене науке*, год. ХСIII, бр. 2-4.

Vuković, D. (2001), „Percepcija korupcije", *Bosna i Hercegovina*, Transparency international, str. 9-10.

Vuković, S. (1992), „Iizborne igre medija", *Gledišta*, Vol 33, no. 1-6.

Vuković, S. (1994), *Pokretljivost i struktura društva*, IKSI, Beograd.

Вуковић, С. (1996), *Чему йривайизација*, ИКСИ - СДС, Београд.

Вуковић, С. (1998), „Власт и друштвени консензус", *Социолошки йреглед*, год. 32, no. 3-4.

Вуковић, С. (2000), „Економска структура друштва и континуитет власти у Србији", *Социолошки йреглед*, год. 34, no. 1-2.

Вуковић, С. (2000), „Сједињене Америчке Државе и разбијање Југославије", *Социолошки преглед*, год. 34, но. 3-4. (htp://www. socioloskipregled. org.yu)

Вуковић, С. (2001), „Немачка, Аустрија и разбијање Југославије", *Социолошки преглед*, год. 35, но. 3-4. (htp://www. socioloskipregled. org.yu)

Вуковић, С. (2001), „Распрострањеност и осуда корупције у Србији", *Социолошки преглед*, год. 35. но. 1-2. (htp://www. socioloskipregled. org.yu)

Вуковић, С. (2003), *Корупција и владавина права*, ИДН-Драганић, Београд.

Вуковић, С. (2004), „Ватикан и разбијање Југославије", *Социолошки преглед*, год. 38, но. 3. (htp://www. socioloskipregled. org.yu)

Вуковић, С. (2005), *Право, морал и корупција*, „Филип " Вишњић - Институт друштвених наука, Београд.

Wolker, N. (1991), „The English sentencing System", *The Criminal Law Review*, Oktober.

Цој Гордон, „Реконструкција Ирака је такође пораз", *Le Monde diplomatique* (*НИН*), april 2007.

Džuverović, B., Mihailović, K., Vuković, S. (1994), *Izborna upotreba medija*, IDN–IKSI, Beograd.

Zimel G. (1969), „O podređenosti i nadređenosti", u: T. Parsons, i dr., *Teorije o društvu*, t. I, Vuk Karadžić, Beograd.

Zvekić, U. (2001), *Žrtve kriminala u zemljama u tranziciji*, Viktimološko društvo Srbije – „Prometej" – IKSI, Beograd.

Жолт, Л. (2005), „Редакцији часописа Социолошки преглед", *Социолошки преглед*, вол. XXXIX, но. 4. (htp://www. socioloskipregled. org.yu)

Štamler, R. (2001), *Privreda i pravo*, Službeni list SRJ- CID, Beograd-Podgorica.

Šoškić, N. (2004), *Oblici i načini suzbijanja korupciuje*, Akademska štampa, Beograd.

Šulović, V. (2004), *Reproduktivnio zdravlje u Srbiji 1989 – 2001*, SANU, Beograd.

Ševalije, Ž. (1995), „Teorija pravne države", *Pravni život,* god. 44, no. 12.

Šmit, K. (2001), „Politička teologija", u: *Norma i odluka. Karl Šmit i njegovi kritičari*, prir. S. Samardžić, „Filip Višnjić", Beograd.

Šmit, K. (2001), „ Legalnost i legitimnost", u: *Norma i odluka. Karl Šmit i njegovi kritičari*, prir. S. Samardžić, „Filip Višnjić", Beograd.

O AUTORU

Slobodan Vuković (1946) je naučni savetnik i upravnik Centra za sociološka istraživanja Institutu društvenih nauka u Beogradu. Objavljuje u domaćim i stranim časopisima.

Autor je sledećih knjiga: *Radništvo i birokratija*, Mladost, Beograd 1985; *Pokretljivost i struktura društva*, IKSI, Beograd 1994; *Čemu privatizacija?*, SDS – IKSI, Beograd 1996; *Korupcija i vladavina prava*, IDN - Draganić, Beograd 2003.; *Pravo, moral i korupcija*, «Filip Višnjić» - IDN, Beograd 2005. i *Како су нас волели: Антисрпска пройаганда и разбијање Југославије,* Stilos-ИДН, Нови Сад-Београд 2007.

Koautor je sledećih knjiga: *Izborna upotreba medija*, IDN - IKSI, Beograd 1994; *Korupcija u Srbiji*, CLDS, Beograd 2001; *Korupcija na carini*, CLDS, Beograd 2002.; *Korupcija u pravosudu*, CLDS, Beograd 2004. i *Корупција у Србији пет година касније*, ЦЛДС, Београд 2007.

Bio je član redakcije *Sociološki pregled* 1986 – 1988., zamenik urednika 1989 – 1991., glavni i odgovorni urednik 1994 – 1996. i 2000 - 2004. Takođe je bio predsednik Sociološkog društva Srbije 1997 – 2000. godine.

Član je Predsedništva Zajednice instituta Republike Srbije i član Nacionalnog saveta za naučni i tehnološki razvoj Republike Srbije.

CIP - Каталогизација у публикацији
Народна библиотека Србије, Београд

ВУКОВИЋ, Слободан
   Tranzicija i korupcija / Slobodan
Vuković. - Beograd : Institut društvenih
nauka : Rad, 2007 (Beograd : Goragraf). - 121
str. : graf. prikazi ; 25 cm

Tiraž 500. - O autoru: str. 121. - Napomene i
bibliografske reference uz tekst. -
Bibliografija: str. 109-119.

ISBN 978-86-7093-124-4

COBISS.SR-ID 145582092

Slobodan Vuković TRANZICIJA I KORUPCIJA • Institut društvenih
nauka, Beograd, Kraljice Natalije 45 • Izdavačko preduzeće RAD Beograd,
Dečanska 12 • Prelom teksta ČASLAV BJELICA • Likovna oprema
NENAD SIMONOVIĆ • Za izdavače MIRJANA RAŠEVIĆ i SIMON
SIMONOVIĆ • Štampa: GORAGRAF, Beograd • Tiraž 500 primeraka
• ISBN 978-86-7093-124-4

www.ingramcontent.com/pod-product-compliance
Lightning Source LLC
Chambersburg PA
CBHW072234290326
41934CB00008BA/1287